<u>dtv</u>

Reihe Hanser

Jude – Israelit – Israeli: Was ist eigentlich gemeint? So genau wissen das viele nicht. Deshalb hat Marek Halter seinen Patenkindern ein Buch geschrieben, in dem er ihnen die Grundzüge des Judentums erklärt, die Geschichte des jüdischen Volkes, seiner Religion und seiner Kultur.

So ist eine sehr persönliche Einführung in die zentralen Aspekte des Judentums entstanden und dazu eine Selbstauskunft darüber, was es bedeutet, im heutigen Europa als Jude zu leben.

Marek Halter, geboren 1936 in Warschau, flüchtete mit seiner Familie vor den Nationalsozialisten über Russland nach Paris, wo er heute noch lebt. 1994 drehte der mehrfach preisgekrönte Romancier die Dokumentation ›Tzdek, les Justes‹ über den Holocaust.

Marek Halter

Alles beginnt mit Abraham

Das Judentum, mit einfachen Worten erzählt

Aus dem Französischen von
Markus Sedlaczek

Deutscher Taschenbuch Verlag

Die Bibelzitate wurden der Revidierten
Elberfelder Bibel entnommen.
© 1991, R. Brockhaus Verlag, Wuppertal.

Wir danken dem französischen Ministerium
für Kultur (Centre National du livre)
für die Förderung der Übersetzung.

Ungekürzte Ausgabe
In neuer Rechtschreibung
Dezember 2002
Deutscher Taschenbuch Verlag GmbH & Co. KG,
München
www.dtv.de
© 1999 Éditions Robert Laffont, S. A. Paris
Titel der Originalausgabe:
›Le judaïsme raconté à mes filleuls‹
(Éditions Laffont, Paris)
© 2001 der deutschsprachigen Ausgabe:
Paul Zsolnay Verlag, Wien
Umschlagfoto: Harry Weber
Satz: Satz für Satz. Barbara Reischmann,
Leutkirch
Druck und Bindung: Druckerei C. H. Beck,
Nördlingen
Gedruckt auf säurefreiem, chlorfrei gebleichtem Papier
Printed in Germany · ISBN 3-423-62120-6

Inhalt

Meinen Patenkindern:
Frédéric, Sohn meines Freundes Pierre Verstraeten,
Julien, Sohn meines Freundes Bernard Kouchner,
Antonin, Sohn meines Freundes Bernard-Henri Lévy,
die mir vorwerfen, ihnen weder genügend
Interesse entgegengebracht noch genügend Zeit
gewidmet zu haben.
Um mich bei ihnen zu entschuldigen.

WIE KOMMT ES, dass das Judentum und die Juden über die Jahrhunderte hinweg so viel Aufmerksamkeit auf sich gezogen haben? Warum geben sie auch heute noch so viele Fragen auf?

Ich war in der Tat schon öfters versucht zu erklären, was das Judentum für mich bedeutet und warum ich es zu einem wesentlichen Pfeiler meiner Existenz erwählt habe. Ich habe dies in meinen früheren Büchern wiederholt und ansatzweise versucht. Da ich allerdings weder Historiker noch Philosoph bin, habe ich in all diesen Büchern nicht *das* Judentum erzählt, sondern Geschichten *über* Juden.

Heute nun, und vielleicht auch aufgrund der Zeit, die inzwischen vergangen ist, hat sich mein Wunsch konkretisiert. Das Bild eines Menschen, der an seine Kinder und Kindeskinder das Wissen und die Erfahrungen weitergibt, die er sammeln konnte, der aber auch gesteht, welche Grenzen ihm gesetzt waren, dieses Bild hat mich schon immer fasziniert. Das ist gewiß eine patriarchalische Szene, die zweifellos voller Nostalgie steckt und heutzutage auch ziemlich überholt ist. Aber dennoch: Ich erliege ihrem Reiz nicht ohne ein gewisses Vergnügen. Ist nicht das Judentum, unter anderem, gerade auch eine Sache der Weitergabe, der Überlieferung, eine Sache der Worte, die man austauscht, die man überliefert, die man gibt und empfängt?

Das Ganze hat allerdings einen Haken: Ich habe keine Kinder.

Wem könnte ich dann meine Wahl erklären?

So kam mir die Idee, mich an Euch zu wenden, Frédéric, Julien und Antonin, an Euch, meine Patenkinder. Und dies aus zwei Gründen.

Zunächst einmal deswegen, weil Eure schelmischen Blicke mir oft gesagt haben, dass ich nicht gerade ein mustergültiger Pate bin! Mein Schweigen und meine Zerstreutheit waren kaum der emotionalen Rolle würdig, die ich bereitwillig übernommen hatte. Eine symbolische Rolle zwar, die aber in früheren Zeiten, als das einzelne Leben an noch viel ungewisseren und dünneren Fäden hing als heute, durchaus Ernst und auch Pflichten beinhaltete.

Zum Zweiten aber wende ich mich deshalb an Euch, weil einer von Euch kein Jude ist und die anderen beiden es nur zur Hälfte sind – aber wer weiß, im Herzen vielleicht mehr.

Immer schon habe ich nichts lieber getan, als mich an Menschen zu wenden, die »anders« sind und aus Quellen schöpfen, die außerhalb meiner eigenen Welt liegen. Das ist für mich bereits eine Art und Weise, in das Wesen des Judentums einzudringen. Die Hebräer wurden ursprünglich *'ivrim* genannt, was so viel bedeutet wie »die, die hinübergehen«, oder was man auch im Sinne von »die, die etwas hinüberbringen oder übermitteln« lesen kann.* Mein ganzes Leben lang habe ich mich bemüht diese Aufgabe zu übernehmen. Meine ganze

Freude und meine Arbeit könnte man wie folgt zusammenfassen: Gedanken, Erinnerungen, Reflexionen, gegenseitige Achtung und Frieden unter Menschen zu bringen, die in der Lage sind, sich von den engen Grenzen zu befreien, an die wir uns allzu oft klammern.

Hier, meine lieben Patenkinder, habe ich nun also die Gelegenheit, Euch Männer und Frauen, eine Geschichte, ja eine ganze Kultur vor Augen zu führen, die ich liebe und die mich seit meiner Kindheit trägt. Im Folgenden – und ich hoffe, dass mir eine ebenso lebendige wie lockere Darstellung gelingt – wird mein ganzer Ehrgeiz darin bestehen, Euch am Reichtum und an der Lebenskraft ebendieser Kultur teilhaben zu lassen ...

---

* Es gibt mehrere Herleitungen dieses Namens: rein linguistisch könnte man »die Überquerenden« übersetzen; eine genealogische Interpretation führt den Namen auf Eber (Gen 10, 24) zurück, dessen Name die Bedeutung »jenseitig« hat; es wird auch ein möglicher Bezug zur damaligen Bezeichnung *habiru* für nomadisierende Gruppen hergestellt; Martin Buber (in: *Moses*, S. 28) schlägt für *ivrim* die Übersetzung »Wanderer/Jenseitige« vor (A. d. Ü.).

Initiation ins Judentum

D AS WORT »Jude« habe ich zum ersten Mal auf Deutsch gehört. »*Jude**«. Ich war gerade fünf Jahre alt geworden. Ein junger Mann in Uniform stellt mir in trockenem Tonfall die Frage: »*Jude**?« Ich erinnere mich nicht, wie er aussah; der Lichtstrahl der Taschenlampe, die er auf mich gerichtet hatte, blendete mich.

Ob mir damals bewusst war, welche Gefahr sowohl die Frage als auch die Antwort für meine soeben dem Ghetto entronnene Familie darstellte? Ich fürchte, nein.

Für mich als Kind war die Anerkennung meines Judeseins ganz unbewusst eine klare und wesentliche Tatsache. Die größte Gefahr schien mir in der Tat darin zu bestehen, nichts zu sein. Ich aber hatte eine Identität: Ich war Jude! Keine Frage, sie aufzugeben. Deshalb ignorierte ich stolz die tödliche Bedrohung, die in dieser Frage lag.

»*Jude**?« Ja! Ja, natürlich!

Die Kraft der Unschuld! Mein natürliches Wesen und meine Überzeugung retteten uns gewiss das Leben. Die Nazis brachen in Gelächter aus.

»Lasst sie durch«, sagte einer von ihnen, der Ranghöchste. »Der Junge redet Blödsinn. Die Juden bekennen sich nie zu ihrer Identität.«

---

* Im Original deutsch (A. d. Ü.).

Ihrer Identität?

Trotz Tausender Bücher, die sie zu ihrem Thema machen, bleiben die Juden und das Judentum für die Mehrzahl unserer Zeitgenossen – und auch für viele Juden selbst – ein Rätsel. Das fängt schon mit folgendem Problem an: Sind wir denn überhaupt in der Lage, exakt zwischen Israelit, Jude und Israeli zu unterscheiden? Da bin ich mir nicht so sicher. Israeli ist derjenige, der einen israelischen Pass besitzt. Das versteht sich von selbst. Doch Israelit? Ist das jemand, der den jüdischen Glauben praktiziert? Was aber ist dann ein Jude? Und noch dazu ein nicht-religiöser Jude? Dennoch bezeichnet man uns unterschiedslos als »Juden«. Und das scheint für alle Welt einen Sinn zu haben.

Mein ganzes Leben hindurch habe ich vielfach erfahren und festgestellt, dass die Tatsache, sich als Jude zu bekennen, nicht zugleich bedeutet, dass man auch weiß, was das sei, das Judentum. Oder warum man ihm angehört.

Wie also sieht sie nun aus, die Identität eines Juden?

Ist es die jenes jüdischen Menschen, unseres Nachbarn, unseres Mitmenschen, der seine Zeitgenossen ständig damit verwirrt, dass er sich voller Stolz auf eine einzigartige Geschichte beruft, die aber dennoch so sehr mit der Geschichte der ganzen Welt verquickt ist, dass sie zu einer ihrer Grundlagen wird?

Oder die Identität eines Volkes, das seit seiner Entstehung mit diesem einen und einzigen Gott konfrontiert war, dem Schöpfer der Welt, der vor nunmehr mehr als viertausend Jahren im fernen Ur in Chaldäa dem Abraham erschienen war? Eines Volkes, das durch seine außerordentliche Langlebigkeit aufhorchen lässt, während doch die meisten antiken Völker, mit denen es in Berührung gekommen war – Assyrer, Aramäer, Midianiter, Karthager ... –, schon seit langem aus unserem Gedächtnis verschwunden sind, so mächtig und ruhmreich sie in der Vergangenheit auch gewesen sein mögen?

Wer ist dieser »mythische Jude«, der die Blicke auf sich zieht, in Wahrheit? Dieser Jude, den man liebt oder hasst, ohne sich wirklich darum zu kümmern, ihn zunächst einmal kennen zu lernen. Dieser Jude, den einige – allerdings nicht allzu viele – mit tausend Qualitäten ausstatten, während ihm andere – Gott sei's geklagt – alle möglichen Schwächen und Fehler zuschreiben?

Ich werde mich damit begnügen, eine alte Weisheit aus dem *Talmud* zu zitieren, die voller Tiefe ist und zugleich höchst verwirrend klingt. Diese Worte – und das mag vielleicht überraschen – erklären beinahe alles, worin für mich die Funktion und die Hoffnung des Judentums besteht.

Das erste Mal habe ich sie aus dem Munde meines Großvaters gehört, als wir im Januar 1941 im Keller der Nowolipje Straße im Warschauer Ghetto zusammengepfercht dasaßen, um meinen fünften Geburtstag zu feiern. »Warum ist am Anfang nur ein Mensch geschaffen worden? Um dich zu lehren, dass die Schrift demjenigen, der nur eine einzige Seele vernichtet, es anrechnet, als hätte er die ganze Welt vernichtet, und dass sie demjenigen, der nur eine einzige Seele erhält, es anrechnet, als hätte er die ganze Welt erhalten« (*Sanhedrin* 4, 5).

Wer einen einzigen Menschen rettet, rettet die ganze Welt. Wer allen Hindernissen zum Trotz menschlich bleibt, rettet die Menschheit. Dàs ist, wie ich glaube, die Botschaft, die das Judentum an uns richtet. Jedenfalls ist es das, was mich zu ihm hingezogen hat. Ich habe in der Folge begriffen, welch gewaltige Denkanstrengung und welch intensives Bemühen um die Befreiung des Menschen diese auf den ersten Blick fast allzu simpel erscheinende Weisheit einfordert.

Ich wurde in einer der unruhigsten Perioden des 20. Jahrhunderts geboren, am Vorabend des Zweiten Weltkriegs, zu einer Zeit, als der Hass auf Menschen zu einem glorreichen politischen Programm erhoben wurde. Später dann wurde das Programm in die Tat umgesetzt. Damals herrschten der Faschismus und der totalitäre Kommunismus. Und es ist bekannt, was der Zweite Weltkrieg war: Man hörte nicht auf die Lehren der Geschichte und das Böse war König. Wie damals in Chaldäa opferte man die Menschen irgendwelchen Götzen. Ich war aber nicht Abraham, um mich davon befreien zu können.

Ich musste in einer verwüsteten Welt aufwachsen, ohne jedoch wie die Juden bei ihrem Auszug aus Ägypten hoffen zu können, anderswo ein Gelobtes Land zu finden: eine Zuflucht und eine Heimat. Während meiner ganzen Kindheit, zunächst in Polen und später in der Sowjetunion, lebte ich unter Menschen, die diese »hebräischen Propheten«, auf deren Weisheit und Wissen sich der Historiker Marc Bloch noch vor dem Nazi-Erschießungskommando berief, überhaupt nicht kannten.

Ich selber wusste nichts von ihnen. Ich konnte mich nicht einmal daran erinnern, dass es »die Geschichte« gegeben hätte. Ich habe sie einfach erduldet.

Genauso wenig habe ich, bevor ich 1950 nach Frankreich kam, gewusst, was Demokratie sei. Ich hatte bis dahin nur die abstumpfenden und verdummenden Wahnvorstellungen des nationalsozialistischen und des stalinistischen Systems kennen gelernt. Ich war vierzehn Jahre alt und hatte viel Mühe, mich anzupassen.

Obwohl ich nun also eine neue Zugehörigkeit hatte, konnte ich aber nicht einfach anfangen zu denken, zu fühlen und zu handeln, als ob die Welt, in die ich hineingeboren wurde, niemals existiert hätte. Eine Pflicht ergab sich sofort. Ich musste den geistigen Ort wählen, von dem aus ich mich den anderen zuwenden wollte, ich musste wählen, welche Werte meine Entscheidungen und mein Reden bestimmen sollten, und welche Verbindung ich mit der Welt und ihren sichtbaren oder unsichtbaren Kräften unterhalten wollte.

Dieses Mal konnte ich in völliger Freiheit wählen und ich habe mich für das Judentum entschieden. Dazu muss man wissen: Bisher war ich Jude nur der Geburt nach. Mit diesem Moment aber begann meine ganz bewusste Existenz als Jude.

Gleichzeitig musste ich die Sprache meiner neuen Heimat lernen sowie das Denken und die Vernunft, die sie barg. So wurde mir klar, dass Französisch diejenige Sprache sei, in der ich meine Entscheidungen und Überzeugungen am besten zum Ausdruck bringen konnte. Nicht, weil ich sie besser beherrscht hätte als die Sprachen meiner Kindheit – Jiddisch, Polnisch und

Russisch –, sondern weil die französische Sprache im Denken des jungen Juden, der ich war, schon immer mit Freiheit identifiziert wurde. Schmückte dieses Wort nicht überall die Fassaden der öffentlichen Gebäude? Hatte nicht die Verfassungsgebende Versammlung zwei Jahrhunderte zuvor in ebendieser Sprache die Emanzipation der Juden verkündet? Und hatte nicht Zola sein *J'accuse!*, ein immer noch unerhörtes Plädoyer für einen »Juden«, ebenfalls auf Französisch geschrieben?*

Heute kann ich sagen, dass ich die Freiheit mit dem Französischen kennen gelernt habe. Allerdings konnte ich die Sprache meiner neuen Heimat erst erlernen, nachdem ich den Sinn der Freiheit begriffen hatte. Das hat drei Jahre gedauert.

Doch wollen wir hier keine Engelsgesänge anstimmen!

Selbst in Frankreich wirkte das für mich so selbstverständliche Bekenntnis meines Judentums störend. Die Franzosen wollten damals die Zerrissenheit und die Schmach der Kriegszeit vergessen. Man zog dem Wort »Jude« den Begriff »Israelit« vor. Die Erinnerung an den Krieg war noch frisch und der Makel des gelben Sterns noch ziemlich gegenwärtig. Selbst bei den linken, den fortschrittlichsten und offensten Intellektuellen erwies sich das Judentum als ein schwieriges Thema. In diesem

---

* Der franz. Schriftsteller Émile Zola trat im Jahre 1898 in der sog. Dreyfus-Affäre in einem offenen Brief an den Präsidenten (Titel: *J'accuse!*, »Ich klage an!«) für den zu Unrecht wegen Spionage verurteilten Hauptmann Alfred Dreyfus ein (A. d. Ü.).

Kontext erschienen die *Überlegungen zur Judenfrage* von Jean-Paul Sartre, deren Lektüre mir wärmstens empfohlen wurde.*

Ehrlich gesagt hat mich dieses Buch in große Verlegenheit gebracht. Ich war geschmeichelt, dass ein derart renommierter und anerkannter Philosoph sich die Mühe machte, über die Situation der Juden und in gewisser Weise auch über meinen eigenen Fall nachzudenken. Doch war ich über seine Schlussfolgerungen empört.

Im Grunde genommen behauptete Sartre, dass der Jude, dass die jüdische Identität durch den Blick des Anderen bestimmt seien. Wenn das stimmte, dann bedeutete dies, dass ich nur dank der Existenz von Antisemiten Jude wäre!

Mit siebzehn Jahren ist man noch ganz unverfroren. Über Freunde konnte ich mir Sartres Adresse besorgen, Rue Bonaparte, nahe bei der Seine. Er wohnte, zusammen mit seiner Mutter, in einer Wohnung, die bekanntlich später von der OAS** in die Luft gesprengt wurde. Eines Nachmittags im Herbst klopfte ich, ohne mich irgendwie angemeldet zu haben, an seine Tür.

Der kleine, liebenswürdige Mann mit unruhigem, doch verschlagenem Blick, war über diesen ungebetenen Besuch keineswegs entrüstet. Sartre bat mich herein

---

* Jean-Paul Sartre, *Überlegungen zur Judenfrage* (1954), übers. von Traugott König, Reinbek bei Hamburg: Rowohlt 1986 (A. d. Ü.).
** Organisation de l'Armée secrète (Organisation der Geheimarmee): 1961 gegründete Untergrundorganisation franz. Offiziere und Gegner einer friedlichen Lösung des Algerienproblems (A. d. Ü.).

und wir nahmen, wenn ich mich recht erinnere, in einem Zimmer Platz, das mir klein und mit Möbeln und Büchern voll gestopft erschien. Natürlich musste mein Überfall ihn überraschen. Doch zu jener Zeit machten die »Überlebenden« des Warschauer Ghettos noch Eindruck. Für jemanden wie Sartre war dieser Teil meiner Geschichte ein Sesam-öffne-dich und riss alle Schranken nieder. Er hörte mir geduldig zu, als ich versuchte, so klar wie möglich meine Kritik zum Ausdruck zu bringen. Meine Argumentation erschien mir in der Tat als unwiderlegbar. Wie konnte der Autor von *Das Sein und das Nichts*, der behauptete, dass jeder Mensch unwiderruflich zur absoluten Freiheit verurteilt sei, in mir, dem Juden, ebendiese Freiheit aufheben? Und wie konnte er denken, dass meine Identität nur von jenem Blick abhängen würde, den mein eigener Henker auf mich richten konnte?

– Ganz im Gegenteil, verteidigte er sich mit seiner heiseren Stimme. Ich habe in diesem Buch nur von den nicht-authentischen Juden gesprochen. Von denen, die sich ihre Haltung von anderen vorsagen lassen.

– Wer aber sind dann die authentischen Juden? Was zeichnet sie aus?

– Nun, ich nehme an, dass das die religiösen Juden sind, nicht wahr? Diese haben ihren Platz und ihr Bild gewählt. Sie machen von ihrer Freiheit vollen Gebrauch. Die jüdische Identität, die ihnen die anderen aufzuzwingen versuchen, hat keinerlei Macht über sie.

– Wie steht es dann aber um die nicht-religiösen Juden? Sie scheinen nämlich »Jude« und »religiös« in eins zu setzen. Es gibt aber Millionen jüdischer, doch nicht-religiöser Menschen. Auch diese haben ein Recht auf eine Identität und auf die Ausübung ihres freien Willens!

Es entstand eine kurze Stille. Er lächelte, und dieses Lächeln erleuchtete sein allzu blasses Gesicht:

– Ja ... Die *Überlegungen zur Judenfrage* sind die Überlegungen eines *Goj*, von jemandem, der von außen her auf den Juden blickt.

Er machte, wie er es häufig tat, eine knappe Handbewegung und fügte hinzu:

– Es bleibt also noch die Aufgabe, aus der Binnenperspektive das Porträt des authentischen Juden zu zeichnen. Dessen, der sich aus freien Stücken als solcher gewählt hat und engagiert.

So trug ich also, als ich nach diesem Gespräch fortging, mein ganzes Problem noch immer ungelöst mit mir herum. Ständig wiederholte ich mir meine Fragen, die genauso schwerwiegend und genauso verzwickt waren wie zuvor: Was heißt das, ein Jude zu sein? Was ist jeweils unter jüdisch, unter Judesein zu verstehen?

Erst heute, während ich dieses Buch beginne, wird mir klar, wie Recht Sartre doch hatte. Ja, es ist wahr: Die religiösen Juden, die ihr Festhalten an ihrem Glauben ostentativ bekunden, sind für alle identifizierbar, ihr Judesein steht allen klar vor Augen. So sehr, dass man dazu neigt, dieses Verhalten mit dem Judentum in eins zu setzen. Ist aber diese Identität nicht nur ein Image oder eine Rolle, die den jeweiligen Akteur oder Schauspieler, wie zum Beispiel den (bei Sartre beschriebenen) Cafékellner, in die Anonymität zurücksinken lässt, sobald er sein weißes Jackett oder sein Bühnenkostüm auszieht?

Um die anderen Juden, die in der Mehrheit sind, zu identifizieren und sie aus der anonymen Menge herauszuziehen, muss man über den besonders verderbten Blick der Antisemiten verfügen: In Frankreich sind die Namen Anhaltspunkte, in früheren Zeiten war es das angeblich besondere »Aussehen«.

Bleiben natürlich noch jene, die sich selbst auf das Judentum berufen. Denn auch ihre Berufung auf das Judentum – ob sie nun proisraelisch oder antizionistisch eingestellt, Traditionalisten oder Agnostiker sind – ist verbindlich und auch ihre Wahl identifiziert sie.

Geben sie aber deshalb das »Porträt des authentischen Juden« ab, wie Sartre sich ausdrückte? Bieten sie uns allein dadurch schon ein verständliches Bild vom Judentum? Dafür ist vor allem nötig, dass sie ihre Wahl vollkommen freiwillig und bewusst getroffen haben und diese nicht auf einer Zwangsläufigkeit aufgrund der Abstammung beruht.

Doch kennen sie selbst tatsächlich die Gründe dieser Wahl und wären sie in der Lage, sie uns anzugeben? Ich bin sicher, dass wir, wenn wir die Möglichkeit hätten, ihnen diese Frage zu stellen, über die Antworten sehr überrascht wären! Wir würden bald naive, bald widersprüchliche Begründungen erhalten. So widersprüchlich, dass die Knesset, das israelische Parlament, nach Gründung des Staates Israel für immer auf eine Debatte verzichtete, mit der die jüdische Identität definiert und fixiert werden sollte!

So wollen wir also angesichts eines derartig komplexen Sachverhalts einmal mehr bescheiden bleiben. Selbst wenn ich es wollte, so weiß ich von vornherein, dass es mir auf den folgenden Seiten nicht gelingen wird, diese wandelbare, rätselhafte, reiche und vielfältige jüdische Identität »ein für alle Mal« zu definieren.

Was mir dagegen möglich zu sein scheint, ist der Versuch, zu erzählen – und sicherlich werde ich selbst dabei auch etwas lernen –, warum *ich* Jude bin.

Zunächst einmal bin ich es gewiss nicht aufgrund des Antisemiten. Wer mich nur durch meinen Unterschied bezeichnet und diesen noch dazu ablehnt, kann nur den materiellen und existenziellen Teil meines Lebens beeinflussen. Er kann mich meiner Rechte berauben, meinen Besitz an sich reißen, meinen Körper zerstören. Doch er hat keinerlei Zugang zu jenem spirituellen Teil, der jedem Menschen innewohnt und der es ihm innerlich ermöglicht, sich eine Identität zuzuschreiben. Diese Wahl, diese Zugehörigkeit ist Ausdruck der unbezwingbaren Freiheit, der Menschlichkeit des Menschen. Und er allein kann sie – im inneren Gespräch mit sich selbst – vernachlässigen, verleugnen oder aufgeben ...

Dagegen hat die Tatsache, dass meine Eltern und meine Großeltern Juden waren, gewiss einen Einfluss auf meine Entwicklung gehabt. Doch so wesentlich er auch gewesen sein mag, dieser Einfluss hatte seine Grenzen. Ich weiß, dass er mich nicht hätte hindern können einen anderen Weg als den ihren einzuschlagen, wenn ich das gewollt hätte. Den Weg Christi zum Beispiel, wie es mein Freund Kardinal Jean-Marie Lustiger getan hat. Vielleicht auch den Weg des Islam oder des Buddhismus. Oder sogar den der Gleichgültigkeit!

Mit Jean-Marie Lustiger teile ich ein und dieselbe Vergangenheit, ein und dieselbe Erinnerung. Nur habe ich in dem Moment, da er seine Wahl traf, eine andere getroffen. Mit vollem Bewusstsein und in völliger Freiheit bekannte ich mich als Jude. Und das auf die unerwartetste Weise, die man sich vorstellen kann. Man könnte auch sagen: auf die irrationalste Art und Weise. Weil ich Geschichten erzählen musste. Weil es lebensnotwendig geworden war, sie zu erzählen. Und weil gerade die Tatsache, Geschichten zu erzählen die Erinnerung an Geschichten am Leben zu erhalten und so nach und nach zum Gedächtnis der Geschichte zu werden, bedeutet (ohne dass mir dies von vornherein klar gewesen wäre), in die leibhaftige Erfahrung des Judentums einzutreten.

Ich war neun Jahre alt. Nachdem wir dank der Hilfe unserer katholischen Freunde aus dem Ghetto geflohen waren, fanden wir uns – meine Eltern, meine kleine Schwester Bérénice und ich – in Moskau wieder. Dann mussten wir Sowjetrussland verlassen und nach Zentralasien gehen, damals eine ferne Provinz der Sowjetunion. Schließlich landeten wir in Usbekistan.

Meine Kenntnis des Judentums beschränkte sich also auf zwei Erinnerungen: die eine davon ist angenehm, nostalgisch, die andere ist brutal und flößt mir auch heute noch Angst ein. Den Rahmen der ersten Erinnerung bildete das jüdische Warschau: 450 000 Seelen bei einer Million Einwohnern. Mit seinen Schulen, Theatern, Zeitungen, seiner Sprache, dem Jiddischen, meiner Muttersprache. Und vor allem ein Gesicht mit einem weißen Bart, langen Locken und einem Lächeln voller Güte, das die ganze Welt erhellte: das Gesicht meines Großvaters Abraham. Die zweite Erinnerung wird beherrscht von Uniformierten, Bombenexplosionen und Hundegebell. Das hat in dem kleinen Jungen, der ich damals war, natürlich tiefe Spuren hinterlassen. Doch reichte dies allein nicht aus, um eine Identität zu begründen und zu erklären. Dazu war noch eine andere Erfahrung nötig.

Eine Million Flüchtlinge waren in Kokand, einer dreihunderttausend Einwohner zählenden Stadt am Fuße des Pamir, zusammengeströmt. Nun wurden sie von Hunger und Ruhr niedergestreckt. Meine Eltern, die ebenfalls erkrankt waren, wurden ins Krankenhaus eingeliefert. Allein zurückgeblieben, musste ich meine Schwester in einem Kinderheim lassen. Sie starb kurze Zeit später. An Hunger, wie man mir sagte.

Ich hatte nichts tun können, um meine Schwester zu retten, nun musste ich zumindest alles versuchen, um meine Eltern nicht sterben zu lassen. »Treib' Reis auf«, hatte mir der Arzt gesagt, »treib' Reis auf, wenn Du willst, dass sie am Leben bleiben!« Antibiotika gab es noch nicht und Reisstärke war die einzige Hoffnung, um die tödliche Ruhr zu bekämpfen, die meine Eltern schon zu Skeletten hatte abmagern lassen. Doch man brauchte viel Reis. Es stand natürlich außer Frage, ihn zu kaufen, ich konnte ihn nur stehlen. Also machte ich mich auf die Suche.

An meinen ersten Diebstahl erinnere ich mich, als ob es gestern gewesen wäre!

Ein Esel trottete vor mir die Straße entlang und

schaukelte seinen Reiter. Ich lief hinter ihnen her, die nackten Füße im Staub. Die Sonne brannte herab, seit Tagesanbruch war es immer heißer geworden. An den Flanken des kleinen Esels baumelten zwei Reissäcke. Gold, das pure Leben!

Ich holte den Esel ein. Ein kleiner Schnitt in einen der Säcke genügte. Wie schön sie waren, diese kleinen weißen Körner, die in Strömen in meine Mütze rannen! Der Eseltreiber hat nicht geschrien. Er hatte Angst. Er dachte nur daran, zu fliehen. Die Sache kam aber trotzdem heraus.

Man hielt mich für einen Rowdy. Einige Tage später, als ich gerade einen Korb mit Essen zu meinen Eltern trug, wurde ich meinerseits angegriffen, und zwar von drei gleichaltrigen Kerlen, die zu einer Bande gehörten. Sie wollten mich nicht nur beklauen, sondern auch beweisen, dass sie stärker waren. Das Ganze war schnell geklärt, drei gegen einen, trotz meiner Wut war ich ihnen nicht gewachsen!

Da ich mich aber gut gewehrt hatte, führten sie mich dennoch zum Kalvak, einem brachliegenden Gelände in der Unterstadt. Dort trafen sich die Banden, um ihre Rechnungen zu begleichen, sich gegenseitig Witze zu erzählen, gemeinsam zu singen, ihre gelungenen Coups zu feiern und die »Verräter« zu bestrafen. Diese Jungs verbargen hinter ihren Messern in Wirklichkeit zarte Seelen, die von einem anderen Leben, einer anderen Gesellschaft träumten. In ihren Geschichten stand die Kameradschaft über dem Interesse, die Gerechtigkeit triumphierte über Betrügerei und die Helden setzten für die Ehre ihr Leben aufs Spiel. Um zu verhindern, dass sie mich verprügelten, begann ich an diesem Abend die *Drei Musketiere* zu erzählen. Im Morgengrauen war mein Ruf etabliert. Ich war zu »Marek, tschto choroscho balakajet« geworden: Marek-der-gut-Geschichten-er-zählt.

In der Folge schlossen wir ein Abkommen. Sie klau-ten und teilten die Beute mit mir unter der Bedingung, dass ich ihnen Geschichten erzählte. Unsere Überein-kunft war sowohl von Brüderlichkeit geprägt als auch vom Respekt vor den Wurzeln eines jeden von uns. In ihrer Mehrzahl älter als ich, waren diese Jungs verschie-denster Herkunft: Russen, Usbeken, Kasachen, Turk-menen, Ukrainer, Armenier. Ich war der einzige Jude, doch das spielte keine Rolle. Die Treue gegenüber der Gruppe war wichtiger als die Zugehörigkeit zu dieser oder jener Religion oder Ethnie. Ich erinnere mich nicht einmal in jener Zeit einen einzigen antisemiti-schen Witz gehört zu haben.

So habe ich in dieser Gruppe zum ersten Mal und völlig unbewusst die Grundlage jüdischen Denkens ent-deckt: die wunderbare Macht des Wortes.

Folglich habe ich auch entdeckt, was die *Abwesenheit* des Wortes bedeutete. Meine Kameraden regelten ihre Streitigkeiten oft mit Faustschlägen oder Messerstichen. Die beiden Gegner standen sich gegenüber, die Bande bildete einen Kreis um sie, bald den einen, bald den anderen anfeuernd, ohne je Partei zu ergreifen. Die Kämpfe folgten einem Ritual. Zuerst starrten sich die Jungs wie zwei Kampfhähne aus der Ferne an. Sie for-derten sich mit Blicken, mit Gesten heraus, dann be-schimpften sie sich, sprachen miteinander, argumentierten. Und stets schlug derjenige, der keine Argumente mehr fand, als erster zu! So entdeckte ich auf die prosaischste und pragmatischste Art und Weise den anderen, so fundamentalen Teil der jüdischen Tradition: die Gewissheit, dass die Gewalt dort beginnt, wo das Reden aufhört.

Dennoch war ich gerade mal ein halbwüchsiger Knabe. Ich wusste nichts und alles war neu. Da ich »Nachschub« für meine abendlichen Erzählungen brauchte, mit denen ich meine Kameraden fesselte, begann ich, während die anderen auf die Suche nach Lebensmitteln auszogen, alle Bücher zu verschlingen, die ich in die Hände bekam.

Auf Empfehlung des Leiters der Stadtbibliothek trieb ich ein Buch eines gewissen Kokovtsov über die Chasaren auf: *Die chasarischen Briefe.*

Es war die Geschichte eines Reiches, das sich vom 7. bis zum 12. Jahrhundert zwischen dem Schwarzen und dem Kaspischen Meer erstreckte, und das im Jahre 861 plötzlich zum Judentum konvertierte. Das Buch enthielt einen Brief des chasarischen Königs Josef an den jüdischen Ratgeber des Kalifen von Granada. Er berichtete, wie seine Untertanen, ein Turkvolk, die Herrschaft über die Stämme des ganzen europäischen Ostens errungen hatten: über die Slawen, die Magyaren, die Petschenegen, die Hunnen, die Russen, die Waräger, die Bulgaren ... Den tiefsten Eindruck hinterließ bei mir die Schilderung einer Diskussion zwischen diesem König und den Vertretern der drei großen monotheistischen Religionen, die ihm ihre jeweiligen Lehren vorstellen. Die Art und Weise, wie er seine Wahl des Judentums erklärte, bewegte mich zutiefst. Diese Geschichte hielt meine Freunde mehrere Nächte lang in Atem.

Ich erinnere mich noch, dass ich mir vorgenommen hatte mich eines Tages auf die Suche nach diesem seltsamen Reich zu begeben und mir wie der chasarische König alle Lehren, alle Weltanschauungen erklären zu lassen und mir eine davon auszuwählen. Dieses Vorhaben ist in meiner Vorstellung noch immer lebendig ...

Heute weiß ich, dass nur ein einziges Element fehlte, um aus dieser Erfahrung in Zeiten des Krieges eine richtiggehende Initiation zu machen: meine Begegnung mit dem Buch der Bücher, der Bibel.

Sie war mir damals gar nicht so fern. Worte und Namen hatten sich für immer meinem Geist eingeprägt, die wie ein fernes Echo an sie gemahnten, wie ein Ruf, den ich noch nicht vernehmen konnte.

Immer auf der Suche nach Geschichten, entdeckte ich eines Tages auf dem Speicher unseres kleinen, aus Kuhmistziegeln erbauten Hauses einen alten Atlas aus der Zeit vor der russischen Revolution. Als ich in ihm blätterte, stieß ich auf eine Karte Palästinas mit den Namen von Städten, die mir ganz vage irgendetwas sagten: Jerusalem, Tiberias, Jaffa, Bethlehem, die Stadt, in der Christus geboren wurde, wie der Kommentar besagte, in der aber auch König David geboren wurde.

Die Bibel

DIE BEGEGNUNG mit der Bibel war für mich ein Schock. Offen gestanden, ihre erste Lektüre hat mich verwirrt. Ich dachte dort, wie in allen religiösen Büchern, erbauliche Geschichten zu finden. Doch ich entdeckte eine Geschichte »voller Lärm und Eifer«. Die Menschen bringen sich gegenseitig um. Töchter verführen ihre Väter. Der eine Bruder tötet den anderen. Es herrscht Ungerechtigkeit. Macbeth, Othello und der Krieg zwischen den Capulet und den Montague scheinen bei allem Genie Shakespeares nur nahe Verwandte der biblischen Figuren zu sein.

Diese sowohl in den Taten als auch in den Gefühlen spürbare Gewalt hat mich tief erschüttert. Erst viel später habe ich die Größe dieses Buches begriffen, die gerade auf der Wahrheit beruht, die dadurch enthüllt wird. Mehr als alle Zeugnisse über die doch gewaltigen Schreckenstaten, die die Menschen des 20. Jahrhunderts begingen, mehr noch als die – vom Fernsehen peinlich genau übertragenen – Bilder der blutigen Kriege, in denen wir tagtäglich unsere Mitmenschen bekämpfen, führt uns die Bibel mit ungeschminkter Brutalität vor Augen, was wir sind und wozu wir fähig sind.

Und fähig sind wir zunächst einmal dazu, Böses zu tun.

Die wesentliche Entdeckung der Verfasser der Bibel –

von den ersten Stunden der Menschheit an – besteht in ebendieser Wahrheit: Der Mensch trotzt nicht nur den Naturgewalten, er ist selbst *Träger des Bösen*. Er ist fähig den Schmerz und die Vernichtung seiner Mitmenschen zu denken, zu wollen und herbeizuführen!

Dieser Virus peinigt die Menschheit schon immer, und zwar nicht von außen her, in Form von Naturkatastrophen, wilden Tieren oder Krankheiten, wie die Menschen glaubten und wogegen sie ihre Götzen und Idole mobilisierten, sondern – wie ein Krebs – im Inneren ihres Wesens selbst. Man stelle sich nur einmal vor, was das für ein Ereignis wäre, wenn jemand einen Impfstoff gegen den Krebs entdecken würde! Nun haben aber die Hebräer vor mehreren tausend Jahren nicht nur den Virus, sondern auch das mögliche Heilmittel gegen die Gewalt entdeckt, die in uns wohnt: »Gott schuf das Böse«, sagt der Talmud, »und sein Gegenmittel, das Gesetz.« Jenes Gesetz, das, obwohl es die Menschen doch seit Jahrhunderten verinnerlicht haben, weiterhin überschritten wird, wodurch das Böse und seine zerstörerischen Kräfte freigesetzt werden, von Ruanda über das Kosovo bis Tschetschenien und Afghanistan.

Natürlich brennen uns sofort einige Fragen unter den Nägeln. Warum hat sich Gott – dieser Sicht des Judentums zufolge – die Mühe gemacht, gleichzeitig das Böse (das er übrigens unentwegt verdammt) *und* sein Gegenmittel zu schaffen? Warum sollte er es nicht ein für alle Mal vernichten? Oder, andersherum gefragt: Sollte das Böse zu etwas »gut« sein?

In diesem Rätsel finden sich die gesamte Geschichte der Bibel, ihre Botschaft, ihre Dringlichkeit, ihr Leben und ihre unablässigen Fragen gebündelt, die Generationen von Kommentatoren beschäftigt haben.

Deshalb werde ich versuchen, diese Geschichte so einfach und locker wie möglich zu erzählen, auf meine Art, wie ich sie meinen Kameraden in Kokand, im fernen Usbekistan, erzählt habe, wobei ich niemanden mit philosophischen Theorien überschütten möchte, die ich, wie ich zugeben muss, selbst nicht immer verstehe.

Der Genesis zufolge schuf Gott die Welt in sechs Tagen. Am siebten Tag ruht Er sich aus. Als Er am Ende eines jeden Arbeitstages seine Schöpfung betrachtet, scheint Er zufrieden zu sein. »Gut«, sagt Er, »gut.« Am sechsten Tag, dem Tag der Schöpfung des Menschen, scheint Er zu zögern. Nach einigem Nachdenken sagt Er: »Sehr gut.« Doch sagt Er dieses »sehr gut« eher widerstrebend, so, als wolle er sich im Voraus entschuldigen, ein derart unvollkommenes Wesen geschaffen zu haben. Und man versteht Ihn. Da ist nun Adam, dessen Name von *Adama* kommt, was auf Hebräisch die Erde bedeutet, von der er genommen wurde. Und da ist die Frau, Eva, die ihrerseits aus der Seite Adams genommen wurde und sich von einer Schlange verführen und vom rechten Weg abbringen lässt. Da ist auch Kain, der älteste Sohn der beiden, der seinen Bruder Abel tötet. Und keiner von ihnen verspürt irgendwelche Gewissensbisse!

Im Talmud heißt es, dass der Schöpfer, als er sich – wie es bei Schöpfern öfter vorkommt – mit einer Schöpfung konfrontiert sieht, die Seinen Plänen keineswegs entspricht, versucht ist diese Schöpfung zu zerstören und es noch einmal zu versuchen. In der Hoffnung, es dann besser zu machen. Da erinnert Er sich, dass Er zuvor bereits schon einmal einen Menschen geschaffen hatte. Dass auch in dieser früheren Version der Mann Adam hieß, seine Frau jedoch Lilith. Und dass das Ergebnis kaum besser ausgefallen war. Sollte Er also noch einmal von vorne beginnen?

Nun versteht Er, dass sich der Mensch, obwohl Er ihn nach Seinem Bilde geschaffen hat, dem Bösen leider nicht zu entziehen vermag. Warum nicht?, fragt sich da der Weise. Wegen der Ungeduld des Menschen. Woher aber kommt diese Ungeduld, die ihn veranlasst, die anderen zu bedrängen, sie um ihren Besitz und oft sogar um ihr Leben zu bringen und dabei jede Achtung zu verlieren?

Weil der Mensch gänzlich Handeln ist und weil dieses Handeln – wie er selbst auch – die eigene Endlichkeit in sich trägt. Die Ungeduld des Menschen beruht auf der Entdeckung seiner Sterblichkeit. Sie ist der angsterfüllte Ausdruck der Grenzen, die ihm im Fluss der Zeit gesetzt sind.

Rufen wir uns noch einmal – und etwas präziser – die Geschichte von Adam und Eva sowie den Einsatz der »Frucht der Erkenntnis« in Erinnerung.

Im Garten Eden ließ Gott »aus dem Erdboden allerlei Bäume wachsen, begehrenswert anzusehen und gut zur Nahrung, und den Baum des Lebens in der Mitte des Gartens, und den Baum der Erkenntnis des Guten und des Bösen« (Gen 2, 9). Anschließend gab er dem Menschen folgendes Gebot: »Von jedem Baum des Gartens darfst du essen; aber vom Baum der Erkenntnis des Guten und des Bösen darfst du nicht essen; denn an dem Tag, da du davon isst, musst du sterben« (Gen 2, 16–17).

Mit anderen Worten: In diesem Stadium kann der Mensch die Frucht vom Baum des Lebens, dem Baum der Unsterblichkeit, essen, ohne sich einer Übertretung schuldig zu machen. Noch lauert der Tod nicht auf ihn: Zeit ist ihm unbekannt. Warum also begeht er diese Dummheit, das Gebot des Ewigen zu übertreten?

Die Schlange erklärt es uns: »Keineswegs werdet ihr sterben! Sondern Gott weiß, dass an dem Tag, da ihr davon esst, eure Augen aufgetan werden und ihr sein werdet wie Gott, erkennend Gutes und Böses« (Gen 3, 4). Das ist der Einsatz, ihr Wunsch: ein Machtkonflikt und die Hoffnung, zu sein »*wie* Gott«.

Was die Schlange aber nicht sagt, ist, dass der Schöpfer nicht zulassen kann, dass der Mensch gleichzeitig zur Unsterblichkeit *und* zur Erkenntnis gelange, denn von diesem Moment an würde er aufhören Mensch zu sein.

Als er der Versuchung der Erkenntnis erliegt, wird der Mensch keineswegs von einem Blitz erschlagen – die Schlange hatte beinahe die Wahrheit gesagt. Doch er tritt in die Zeit ein. Er unterwirft sich einer Art Folter: nämlich sterblich zu sein. Die Erkenntnis, die er erwirbt, ist zuallererst die Erkenntnis seiner eigenen Grenzen. Erst mit Hilfe dieser Grenze, im beständigen Streben, die verlorene Ewigkeit – die aus ihm nur einen »*wie* Gott« macht – wiederzuerlangen, gelangt der Mensch zur wahren Erkenntnis von Gut und Böse. Und mit ihr zur *Wahl* zwischen Gut und Böse, und damit wiederum zur *Freiheit* dieser Wahl . . .

Befinden wir uns nicht immer noch an diesem Punkt,

dass wir all unsere Energie und unsere durch die Erkenntnis erworbenen Fähigkeiten dafür verwenden, um Wesen »*wie* Gott« zu werden? Indem wir, bis in den Bereich unserer Fortpflanzung hinein, die Grenzen der Natur verschieben, indem wir mit Hilfe der Chirurgie oder der Genetik nach Unsterblichkeit streben, indem wir die Zeit dadurch zu umgehen suchen, dass wir uns als »Klone« vervielfältigen? Indem wir unsere Macht missbrauchen, um den Menschen, unseren Nächsten, zu »modellieren« oder zu unterwerfen, in der Hoffnung auf noch mehr Macht, auf einen noch umfassenderen Sieg über die Zeit?

Ich habe die Geschichte von Adams und Evas Fall[*] immer sehr schön gefunden. Wegen ihrer Schlichtheit wurde sie oft als naiv angesehen, doch ich bin mir nicht sicher, ob man genügend über sie nachgedacht hat ...

Da von nun an das Böse im Menschen und auf Erden »da war«, war es für Gott unabdingbar, ein Gegenmittel zu finden und es den Menschen in die Seele zu träufeln. So entstand die Bibel.

Was aber, so könnte man nun fragen, ist die Bibel dann wirklich?

Bevor ich dieses Buch schrieb, habe ich die Bibel noch einmal gelesen, und auch die vielen Kommentare zu ihr, denn es heißt im Talmud, dass »die Bücher der Schrift dem Menschen als Grundlage ihres Nachdenkens gegeben wurden«.

Ich kann sagen, dass es sich hierbei um einen der fes-

---

[*] Im jüd. Kontext kann man nicht von *Sünden*fall sprechen, vgl. dazu weiter unten S. 43 f. (A. d. Ü.).

selndsten Berichte über die *conditio humana*, die Befindlichkeit des Menschen, handelt, die ich kenne. Man findet in ihr sämtliche Laster aufgereiht, die den Menschen niederdrücken, eine lange Liste mit Vorschriften, mit deren Hilfe das Böse zu bekämpfen ist, es werden aber auch sämtliche Mittel präsentiert, die der leidenden Menschheit für ihr Überleben zur Verfügung gestellt werden.

Drücke ich mich klar genug aus?

Vielleicht kann ich die Bibel in noch knapperer Form vorstellen: Es handelt sich um eine grundlegende Lehre, die dem Menschen erteilt wird, damit er lerne sich selbst zu erkennen, sich vor sich selbst zu schützen und mit den anderen zusammenzuleben.

Die Bibel präsentiert sich als die älteste Sammlung von Zeugnissen, die das jüdische Volk und das Wort Gottes betreffen. Sie umfasst natürlich nur eine Auswahl der in die Hunderte gehenden grundlegenden Texte, die im alten Israel geschrieben wurden. Deren Entstehung und Zusammenstellung erstreckte sich über mehr als tausend Jahre, zwischen 1200 und 100 vor unserer Zeitrechnung, und stellt an sich eine außerordentliche geistige Tat dar. Die endgültige Auswahl der in der Bibel enthaltenen Texte wurde im ersten Jahrhundert unserer Zeitrechnung getroffen, und zwar durch eine Gruppe von Schriftgelehrten, die sich in der Akademie von Jabne versammelt hatten, die nach dem Aufstand des Jahres 70 von den Römern als Einzige zugelassen worden war.

Die Juden nennen die Bibel *Tanach*. Das ist das Akronym der Titel jener drei Teile, aus denen sie sich zusammensetzt: *Tora* (Gesetz/Weisung), *Newi'im* (Propheten) und *Ketuwim* (Schriften).

Seither haben Generationen von Gelehrten eine Wissenschaft der Überlieferung der biblischen Texte entwickelt. Im Jahre 1425 wurde die *Masora* – von aramäisch *massorah*, »Berechnung« – veröffentlicht, die die 5848 Verse und 79 856 Zeichen, aus denen die Tora besteht, durchzählte, damit nichts verloren gehe.

Man mag über eine solche, bis zum Exzess getriebene minutiöse Zählerei lachen. Es gilt aber zu bedenken, dass ursprünglich nur die Konsonanten der hebräischen Wörter aufgeschrieben und die Vokale ausgelassen wurden. Das ist der Grund für ihre ständige Mehrdeutigkeit und drohende Sinnwidrigkeiten! Um jegliches Missverständnis zu vermeiden, machten sich die Weisen deshalb an diese scheinbar so langweilige Zählerei und erstellten die Liste der vielfachen Lesarten, die durch die Kombinationen zwischen den nicht-geschriebenen Vokalen und den die Wurzel eines jeden Wortes bildenden Konsonanten erlaubt sind.

Sie haben auch versucht in Randbemerkungen links und rechts von jeder Textspalte die Betonungen und sogar musikalische Zeichen einzufügen, die die Lektüre akzentuieren können.

Seit einigen Jahren können wir uns die Entwicklung dieser Texte noch besser vorstellen. Zwischen 1942 und 1952 entdeckten Archäologen in Höhlen über dem Ufer des Toten Meeres Handschriften, die aus der Zeit vor der Arbeit der Schriftgelehrten stammen und die wir heute als »die Schriftrollen vom Toten Meer« bezeichnen. Etwas früher waren in einer alten Synagoge in

Kairo bereits andere unbekannte Texte entdeckt worden.

Auf diese Weise sind uns einige der Texte überliefert worden, die die Redakteure von Jabne verworfen hatten und die uns eine etwas präzisere Kenntnis von der frühen Geschichte des jüdischen Volkes verschaffen. Es handelt sich um die Geschichte der Entwicklung eines Volkes, das vom Autoritarismus und primitiven Stammesdenken zu einem Streben nach radikaler Befreiung und nach Verbrüderung aller Menschen übergeht.

Genau dieser Aspekt im Judentum hat mich vom ersten Moment an verführt: Es geht nicht von einer Idee des idealen Menschen aus, der Heiligkeit erlangen könnte, sondern vom realen Menschen, der sich, wenn er den Rahmen akzeptiert, eventuell zu bessern vermag.

Wenn ich meine ersten Überlegungen zum Judentum zusammenfassen sollte, wie ich es zuvor bereits in Bezug auf die Bibel getan habe, dann würde ich im Grunde genommen sagen, dass sein Ziel nicht etwa darin besteht, die Menschheit zu judaisieren, sondern darin, sie ein wenig zu humanisieren. Deshalb ist der Tanach trotz des Odems der Gewalt, der diese Seiten durchweht, auch ein großes Buch der Hoffnung.

Der jüdische Philosoph Yosef Hayim Yerushalmi – Autor eines bemerkenswerten Essays über das jüdische Gedächtnis mit dem Titel *Zachor** – brachte mir gegenüber eines Tages seine Verwunderung zum Ausdruck,

---

* Yosef Hayim Yerushalmi, *Zachor: Erinnere Dich! Jüdische Geschichte und jüdisches Gedächtnis*, übers. von Wolfgang Heuss, Berlin: Wagenbach, 1988 (A. d. Ü.).

dass noch niemand auf die Idee gekommen sei, die Geschichte der Hoffnung zu schreiben.

Ihm zufolge hätten sich die Redakteure der Bibel, die eine Auswahl unter Hunderten von Texten getroffen haben, bei ihrer Wahl an einem einzigen Kriterium orientiert: dem der Hoffnung. Deshalb, so Yerushalmi, seien zum Beispiel die apokalyptischen Texte, die ungefähr zur selben Zeit entstanden sind wie die meisten der ausgewählten Texte, dennoch aus der Sammlung verbannt worden: weil eben die Gefahr bestand, dass sie die Menschheit verzweifeln ließen!

Das ist eine starke Idee, und ich mag sie gerade wegen der Hoffnung, die aus ihr spricht. Die Bibel erzählt die Geschichte, sie tut dies jedoch im Hinblick darauf, dass diese Geschichte den Juden als Beispiel und Lehre dienen soll. Beispielhaft ist sie, weil sie die Entwicklung der »nach dem Bilde Gottes« geschaffenen Menschen erzählt. Lehrreich ist sie, weil sie die Bemühungen und Irrtümer ebendieser Menschen zeigt. Und weil sie das Zeugnis einer kontinuierlichen Bewegung ist, einer Geschichte, die ständig in Bewegung ist, hält die Bibel stets die Hoffnung aufrecht, bringt sie die Zeit des Guten hervor, das stets möglich ist. Nichts ist abgeschlossen, niemals.

Wir müssen allerdings aufpassen, dass wir nichts durcheinander bringen. Die Menschen der Bibel sind deshalb noch lange keine »mustergültigen Menschen«. Weit gefehlt. Nehmen wir zum Beispiel die Geschichte von König Ahab. Im Jahre 853 vor unserer Zeitrechnung nahm dieser König Israels an einer der größten mit Streitwagen geführten Schlachten teil, die in der Antike je stattgefunden haben. Man stelle sich einmal vor: Der König von Assyrien stellte der von den Hebräern geführten Koalition 2000 Wagen und 5542 Reiter entgegen, während es Letztere auf ungefähr 3900 Wagen, 1900 Reiter und 1000 Kamelreiter brachten. Doch obwohl diese Schlacht in der damaligen Welt großes Aufsehen erregt haben muss, und trotz all der tausendundeinen Legenden, die die Geschichtenerzähler und Historiker daraus wohl gesponnen haben, wird sie in der Bibel kaum erwähnt!

Dagegen nimmt die Tatsache, dass derselbe König Ahab seine Macht missbrauchte, als er den dürren Weinberg eines armen Winzers namens Naboth begehrte und diesen schließlich steinigen ließ, um an den Weinberg zu kommen, ein ganzes Kapitel ein (1 Kön 21) und dient somit als Lehre. Und genau diese Parteinahme ist das Beispielhafte an der Bibel.

Ungerechtigkeit zu verurteilen, die Mächtigen ebenso zur Einhaltung von Recht und Gerechtigkeit zu zwingen wie die Armen und Schwachen, ist das nicht eine der ältesten und lebendigsten Hoffnungen, die noch heute von Milliarden von Menschen geteilt wird?

Die Bibel versucht nicht die Fehler der Menschen zu verbergen, im Gegenteil. Man erinnere sich nur: Adam war etwas lasch, Kain vollkommen verantwortungslos, Noah ein Schwächling, Jakob beteiligte sich an einem Betrug an seinem Bruder Esau. Und selbst der größte unter ihnen, König David, hat unverzeihliche Taten begangen. Unter anderem schickte er, um eine Frau zu bekommen, die er begehrte, deren Mann in den Tod.

Anders als im Christentum begehen die Menschen im

Judentum in all ihrer Schwachheit und mit all ihren Fehlern keine Sünden, sondern sind ungehorsam. Für die Redakteure der Bibel ist die Sache klar: Der Mensch ist in der Lage, Gott zu trotzen. Ist er, indem er von der Frucht der Erkenntnis aß, nicht selbst »*wie* Gott« geworden? Wie die Herausforderung auch immer enden mag, der Mensch bringt keinerlei moralische Reue zum Ausdruck und die Bibel selbst betrachtet die Tat Adams und Evas nicht als Sünde. Sie wirft ihnen einen *Ungehorsam* vor. Das bedeutet, dass sie ihnen die Verantwortung – für eine schlechte Wahl oder Entscheidung – zuschreibt.

Das ist ein Unterschied, sowohl prinzipiell wie auch hinsichtlich dessen, was daraus für die Beziehung zwischen dem Menschen und seinem Gott, zwischen seinem irdischen Leben und seinem Glauben folgt. Dass es in der Beziehung mit dem Ewigen keine Unterwerfung, sondern einen – durchaus von Konflikten geprägten – Dialog gibt, wird sofort als ein dynamisches Prinzip erkannt. So bedauerlich die Entscheidung Adams und Evas auch gewesen sein mag, sie ist geschehen. Sie setzt das Leben, die Zeit, das Werden in Bewegung. Adam und Eva müssen die Konsequenzen dieser Entscheidung auf sich nehmen, doch eine dieser Konsequenzen – und das ist ganz sicher kein Zufall – ist eben die Entdeckung der Freiheit. So wird dieser erste Akt des Ungehorsams der Menschen paradoxerweise zum Beginn der menschlichen Geschichte. »Und Gott, der HERR, schickte ihn aus dem Garten Eden hinaus, den Ackerboden zu bebauen, von dem er genommen war« (Gen 3, 23). Außerhalb Edens wird Adam zum freien Menschen, der sein Feld – gut oder schlecht – bestellt ...

Weil die Juden Verfehlungen nicht als »Sünden« im christlichen Sinne des Wortes betrachten, verehren sie keine Heiligen. Dagegen stellen sie die Gerechtigkeit ins Zentrum all ihrer Sorgen und Bemühungen und ehren jene, die sie üben: die Gerechten. Doch auch hier müssen wir vorsichtig sein. Wenn der Gerechte auch unseren vollen Respekt verdient, so unterscheidet er sich dennoch nicht tief greifend von uns. »Bei jedem Menschen«, sagt Maimonides, »finden sich Verdienste und Fehler. Sind die Verdienste mehr als die Fehler, ist es ein Gerechter.«*

Mir gefällt die Idee, dass Gehorsam und Ungehorsam Verantwortungen sind, die man zu übernehmen hat, und keine Unterwerfungen unter jemanden, der stärker und mächtiger ist als man selbst. Ich bin mir fast sicher, dass viele Menschen das genauso empfinden wie ich. Haben wir nicht alle diesen väterlichen Befehl ertragen: »Gehorche! Gehorche!«, auf den wir nur allzu gerne antworteten: »Warum?«

Mehr noch aber mag ich, dass der Gerechte durch sein Handeln, durch seine Entscheidung, die über den Gehorsam hinausgeht, beweist, dass Gerechtigkeit möglich ist.

Wenn die Bibel auch unbestritten das bekannteste Buch der Welt ist, so fürchte ich dennoch, dass sie auch das am schlechtesten gelesene ist.

---

* Moses Maimonides, *Die starke Hand*, III, 1; in: Jüdischer Glaube. Eine Auswahl aus zwei Jahrtausenden, hg. von Kurt Wilhelm, Köln: Parkland 1998, S. 159 (A. d. Ü.).

Jeder weiß, dass das »Alte Testament« nicht nur die wichtigste Inspirationsquelle des Judentums darstellt, sondern dass es auch die Quelle des Christentums und des Islam bildet. Als Anstoß für die drei monotheistischen Religionen hat die Bibel die Kulturen von drei Vierteln unseres Planeten, im Westen wie im Osten, tief greifend beeinflusst. Dennoch wird sie von den meisten unter uns, auch bei den Juden, nur als ein Gebetbuch und bestenfalls als ferne Saga von einem Gott und seinem Volk betrachtet.

Viele denken, die Bibel sei eine Art Katalog von Gerechtigkeits- und Racheprinzipien. Nicht wenige Menschen sind überzeugt, dass das berühmte Gebot »Du sollst deinen Nächsten lieben wie dich selbst« aus dem Neuen Testament stammt. Doch handelt es sich hierbei um einen der wesentlichen Sätze der Bibel! Er steht in der Tora, genauer gesagt im Buch Levitikus (Lev 19, 18).

Bilderreich, bunt und im Laufe von Jahrtausenden geschrieben und immer wieder neu geschrieben und gesehen, steckt die Bibel voller Leben. Es wimmelt in ihr von Geschichten, von denen jede Einzelne allein schon ein Buch wert wäre. Noch heute bedaure ich sehr, dass ich sie damals mit meinen jungen Schicksalsgenossen in Kokand nicht gelesen habe. Seite um Seite, Erzählung um Erzählung hätte ich Hunderte unserer Nächte mit ihren unglaublichen Abenteuern füllen können. Sie hätte ihre Vorstellungskraft gefesselt und sie ohne weiteres verführt!

Ich habe von der Bibel gesprochen. Doch lassen sich die grundlegenden Texte des Judentums nicht auf die vierundzwanzig Bücher des Tanach beschränken. Neben der Ausarbeitung der biblischen Texte und parallel dazu hat sich entwickelt, was man als »die mündliche Tradition« bezeichnet. Ein großer Teil dieser Tradition wurde vom Jahre 200 unserer Zeitrechnung an in einem beeindruckenden Werk gesammelt und kodifiziert, das Talmud genannt wird – was auf Hebräisch »Lernen« oder »Studium« bedeutet. Nebenbei sei bemerkt, dass der Talmud erstaunlicherweise genau zur selben Zeit verfasst wurde wie die Evangelien. Als hätten die beiden Zweige des Judentums uns auf diese Weise ihre Unterschiede zur Kenntnis bringen wollen.

Der Talmud wurde für die religiösen Juden in der Diaspora zur obersten Referenz – wovon weiter unten noch die Rede sein wird –, doch hat er genauso wenig wie die Bibel ausgereicht, um den Durst der im Laufe der Zeit entstandenen Fragen und Überlegungen zu stillen. Das Judentum war nämlich intellektuell stets äußerst kreativ.

Eine solche intellektuelle Schöpfung war zunächst einmal die Kabbala, anschließend folgten die Lehren des Maimonides, des Baalschem Tow – des Vaters des Chassidismus –, des Gaon von Wilna, des Rabbi Nachman von Bratzlaw. Bis hin zu zeitgenössischeren Philosophen wie Abraham Heschel und Martin Buber.

Aus den unterschiedlichsten Quellen schöpfend und Beiträge verschiedenster Denkweisen und Kulturen in sich aufnehmend, ist dieses Suchen und Forschen Umwelteinflüssen gegenüber stets offen und durchlässig geblieben. Maimonides arbeitete eng mit seinem arabischen Freund Averroes zusammen und ihre Überlegungen waren ganz selbstverständlich vom Denken des Aristoteles geprägt. Jahrhunderte später ließ sich Hermann Cohen, ein Spross der deutschen Intelligenz des ausgehenden 19. Jahrhunderts, bei seiner Arbeit von seinem verehrten Meister aus Königsberg, Immanuel Kant, leiten. Indem sie das jüdische Denken an den verschiedensten Orten und zu allen Zeiten weiterführten, bildeten all diese Männer eine Kette des Wissens, die ganz der Hoffnung auf Leben geweiht war. Eben deswegen vermochten sie, obwohl Angehörige eines kleinen Volkes und einer Minderheitsreligion, an das Universelle heranzureichen.

Doch keine Angst, es ist nicht notwendig, nun all diese Werke zu lesen. Man lese sie nur, wenn man wirklich neugierig darauf ist. Zur Freude und zum Vergnügen.

Um uns dem Judentum weiter anzunähern, werden wir uns im Folgenden damit begnügen, den drei Schlüsselgestalten seiner Geschichte zu folgen: Abraham, Moses und Esra. Drei sagenhafte Schicksale, drei bedeutende Lehrstücke über die verschiedenen Waffen, die dem Menschen im Kampf gegen das Böse an die Hand gegeben sind. Aus ebendiesem Grund haben mich diese drei exemplarischen Figuren ans Judentum gebunden. Vielleicht auch deswegen, weil es leichter ist, sich mit Menschen zu identifizieren als mit Ideen. Ein Lebensbericht ist vertrauter und leichter zugänglich als ein Konzept oder ein Begriff. Romeo und Julia symbolisieren seit fünfhundert Jahren die Liebe, wenn sich auch der Liebesbegriff seither mehrmals gewandelt hat.

Abraham

ALLES BEGINNT mit Abraham. Geboren vor mehr als viertausend Jahren im Lande Ur in Mesopotamien, der fruchtbaren Ebene zwischen den Strömen Euphrat und Tigris, wo damals die dritte sumerische Dynastie Macht und Reichtum entfaltete. Der große Reichtum Sumers beruhte nicht nur auf dem Überfluss an Nahrung und auf dem Handel, sondern war bereits Zeichen einer großen Zivilisation, vermutlich der ersten städtischen Zivilisation mit zentralisierter Wirtschaft.

Diese Zivilisation brachte eine erstaunlich vollendete Kunst hervor. Einige aus Diorit gefertigte Statuen gelten bis heute als Meisterwerke der Anmut und Einfachheit. Die Sumerer weihten sich Idolen, verschiedenen Göttern aus Ton oder Terracotta, die mit der Natur und einem von reicher Vorstellungskraft geprägten Kosmos verbunden waren. Um dieses gewaltige Pantheon zu beschreiben, schufen sie mehr als dreitausend Jahre vor der christlichen Zeitrechnung ein Bestiarium, das immer noch einzigartig ist. Vor allem aber ist in Sumer die Schrift entstanden.

Das Geheimnis dieser so genannten Keilschrift konnte jedoch erst ab der Mitte des 19. Jahrhunderts gelüftet werden. Ihre Erforschung sollte neben dem Sumerischen noch eine andere Sprache zutage fördern, das Akkadische, das mit dem Aramäischen und dem Hebräischen verwandt ist. Ganz offensichtlich eine semitische Sprache.

Semitisch kommt von Sem, und Sem war der Name eines der drei Söhne Noahs, die mit ihm vor der Sintflut gerettet wurden. Seit dem Ende des vierten und während des gesamten dritten Jahrtausends vor unserer Zeitrechnung gab es eine kontinuierliche Zuwanderung von Semiten, die sich in den wichtigsten Metropolen im Süden Mesopotamiens niederließen: in Uruk, Larsa, später in Babylon, Susa, Ur.

Um 2300 herum erreichte der Zustrom semitischer Stämme ein solches Ausmaß, dass sie die ursprünglichen Sumerer verdrängten. Diese demographische Gewichtsverteilung konnte nicht lange folgenlos bleiben und so entstand das erste semitische Reich Babyloniens: das *akkadische* Reich, benannt nach seinem Gründer Sargon von Akkad.

Der bedeutendste dieser Stämme war der der Hebräer – die *'ivrim*, »die Hinübergehenden«. Ihr Führer hieß Terach, sein Sohn Abram. Aus irgendeinem, uns unbekannten Grund zogen die Hebräer in einem bestimmten Moment ihrer Geschichte dreizehnhundert Kilometer lang den Euphrat hinauf gen Norden, bis sie Haran, eine große Handelsstadt, erreichten, wo sie sich niederließen.

Dort eröffnete Terach eine Werkstatt, in der er Götterbilder herstellte. Da es üblich war, dass jedermann vorsichtshalber ein oder mehrere Votivbilder dieser Götter bei sich zu Hause hatte, wurde der Vater Abrams zu einem der wichtigsten und hofiertesten Männer Harans und gehörte somit zu denen, die man heute als »Notabeln« oder »Honoratioren« bezeichnen würde.

Die Funktion, die Terach ausübte, sollte für das Schicksal seines Sohnes bestimmend sein. In dem Laden, in den die Bewohner Harans kamen, um sich ein Götterbild auszusuchen, kann Abram – wie Jahrtausende später ein Charcot in der Salpêtrière-Klinik in Paris oder ein Freud in seiner Wiener Praxis – die Menschen beobachten, ihre Hemmungen, ihre Ängste, ihre Vorurteile, ihre Triebe. Stundenlang hört er ihren Erzählungen, ihren Bekenntnissen zu. Er hört, wie sein Vater ihnen eine bestimmte Tonfigur empfiehlt, ganz so, wie ein Arzt heutzutage ein Medikament oder eine Kur vorschlägt. Diese Verordnungen aber zeitigten, wie man ahnt, völlig zufällige Ergebnisse.

Auf diese Weise kam Abram zu der Einsicht, dass die übliche Götterverehrung, obwohl sie den Reichtum seines Vaters und folglich auch seinen eigenen Reichtum begründete, nichtig und sinnlos sei. Im direkten Kontakt mit den Ängsten und Leiden der Menschen wurde ihm als Erstem in der Menschheitsgeschichte bewusst, dass das Übel oder Böse nicht von außen kommt – selbst wenn sich dieses »Außen« als feindlich und aggressiv erweisen sollte –, sondern aus dem Inneren eines jeden selbst. Eine traurige Entdeckung. Er vermag nicht mehr zu erkennen, wie sich der Mensch ändern, wie er sich bessern könnte. Er weiß nicht einmal, ob er überhaupt heilbar ist. Trotzdem glaubt er, dass es ein Mittel gibt, das Böse zu stoppen und den Menschen vor seinen zerstörerischen Versuchungen zu schützen – und ihm eben dadurch zu helfen mit den anderen zusammenzuleben.

Welches Mittel? Eine Autorität, die in der Lage ist, neue Verhaltensregeln zu erlassen und durchzusetzen. Eine von allen akzeptierte Autorität. Vor allem aber eine Autorität, die von allen gefürchtet wird!

Nun weiß Abram aber intuitiv, dass er diese Autorität in der ihn umgebenden Welt nicht finden wird. Ein mächtiger König wird, selbst wenn er gerecht ist, von anderen Königen infrage gestellt werden, die mächtiger sind als er. Einem Gott werden sich, selbst wenn er geachtet wird, andere Götter entgegenstellen.

Außerdem zerfällt durch diese Zerstückelung der – den jeweiligen Göttern unterstellten – Kräfte die Welt in viele einzelne Fragmente. Wenn die Götter ihrerseits viele sind, dann kann es auch unter den Menschen keine Einigkeit geben. Dann gibt es weder gemeinsame Stärke noch gegenseitige Hilfe. Die einen werden diese oder jene Gottheit verehren, die anderen werden Anhänger dieser oder jener Macht sein. Aufgrund der Entzweiung der Menschheit ist letztlich jeder auf sich alleine gestellt und wird nur versuchen »die eigene Haut zu retten«.

Indem man sich auf halbseidene Mächte verließ, öffnete man nur dem Chaos Tür und Tor, auf die Gefahr hin, damit noch größere Übel, noch zerstörerischere Konfrontationen auszulösen ... Mit diesem intuitiven Gefühl Abrams vollzieht sich eine radikale Umwälzung.

Er hatte begriffen – und die Erfahrungen, die er im Laden seines Götterbilder herstellenden Vaters machte, spielten dabei keine geringe Rolle –, dass es den Menschen in ihrer Suche nach dem Göttlichen weniger darum geht, einen Gott zu bewundern und sich ihm zu unterwerfen, als vielmehr darum, von ihm Hilfe und Unterstützung zu erhalten. Wenn sie darauf vertrauen, dass es jenseits der sichtbaren Mächte etwas gibt, werden sie in sich selbst die Kraft finden, die Prüfungen des Lebens zu bestehen und das Dunkel des Todes zu besiegen. Wenn sie auf einen Gott vertrauen, allerdings *einen einzigen* Gott.

Ein einziger Gott, der der höchste Schöpfer aller Dinge und des Menschen ist. Eine Autorität, die sich nur außerhalb der bekannten Welt befinden kann. Ein Schöpfer, der den Gesetzen und Kräften der Natur vorausgeht und ihnen überlegen ist. Auf diese Weise tritt der »eine Gott« in Erscheinung. Und diese Sicht des Menschen in der Welt wird sich für die Einheit der Menschen als äußerst förderlich erweisen.

Wenn Gott ein Einziger ist, dann werden schließlich auch die unter seinem Schutz versammelten Menschen eine Gemeinschaft bilden, werden sie wie Brüder sein. Mit diesem Gott, dem Schöpfer und Begleiter, dem Garanten für die Notwendigkeit des Guten, wird es also vielleicht möglich sein, einen Bund zum Wohle aller zu schließen.

Wir stehen hier vor der bemerkenswertesten Erfindung in der Geschichte der Menschheit!

Abram aber sah sich bald schon mit einer Menge von Fragen konfrontiert. Zunächst einmal: Welche Eigenschaften wird dieser eine Gott besitzen? Sowohl seine Erscheinung als auch seine Kundgebungen müssen jenseits aller realen oder imaginären Vorstellung angesiedelt sein. Er kann in nichts mit den armseligen Tonfiguren verglichen werden, die sein Vater herstellte. Er wird also *unsichtbar* sein!

Vielleicht ohne sich dessen bewusst zu sein, stellte Abram zum ersten Mal Kultur und Natur einander gegenüber. Gott wird im Menschen auf eine ungreifbare Art und Weise gegenwärtig sein. Mehr noch, er selbst wird »abstrakt« sein und erst das Handeln der Menschen wird seine Gegenwart enthüllen und von seiner Macht Zeugnis ablegen.

Denn er wird natürlich mächtig sein. Nicht nur, weil er den Menschen, sondern weil er das ganze Universum geschaffen hat. Er wird also auch in der Lage sein, es zu vernichten, wenn es ihm angemessen erscheint.

Er wird auch der Gott der Gerechtigkeit sein, denn er hat den Menschen nach seinem Bilde geschaffen. Alle Menschen, egal ob sie nun groß oder klein, schwarz, gelb oder weiß sind ... Er wollte, dass sie von Anfang an absolut gleich seien. Auf diese Weise betrifft sein Wille zum Guten alle Menschen, und was ihre Verfehlungen angeht, so wird er allen gegenüber dieselbe Gerechtigkeit üben.

Hier beginnt ein großes Abenteuer der Menschheit, dessen erste Frucht das Judentum ist: das Abenteuer des *Monotheismus*. Der Glaube an einen einzigen Gott, unter Ausschluss jeglicher anderen Gottheiten.

Selbst wenn dies der einzige Beitrag der Juden zur Geschichte der Menschheit, ihre einzige Schöpfung wäre, müssten wir bereits anerkennen, dass ihnen da eine großartige Wette gelungen ist. Das Christentum und seine verschiedenen Zweige, der Islam und seine vielfältigen Tendenzen sowie das Judentum selbst ver-

körpern heute jeweils nur einige der Facetten der unermesslichen Weisheit des Monotheismus.

Ich habe gesagt, dass hier das Abenteuer beginnt, denn
seit Abram die Nichtigkeit der Götzen erkannte, seit
er die Intuition des »einen Gottes« hatte, kam die Geschichte in Gang. Gott gibt sich Abram kund und bietet
ihm seinen Weg an, seinen Bund ...

Doch hören wir, wie uns die Bibel diese Geschichte
erzählt:

Als Abram einmal außerhalb der Stadt weilte, vernahm
er eine Stimme:

»Abram! Abram!«

»Hier bin ich«, antwortete er sogleich.

Dann hob er den Kopf, blickte um sich und schaute in
den Himmel hinauf, doch er konnte nichts sehen. Die
Stimme aber war weiterhin zu hören. Sie befahl ihm,
die Götterbilder, die in der Werkstatt seines Vaters standen, zu zerstören (Midrasch *Genesis Rabba*, 38).

Ein solcher Befehl versteht sich nicht von selbst. Für
die Bewohner Harans, für alle Völker des damaligen
Mesopotamien waren die polytheistischen Religionen
etwas Absolutes. Die Götterbilder zu zerstören, war ein
Sakrileg, das die schlimmsten Katastrophen heraufbe-
schwören konnte. Die verhöhnten und erniedrigten
Mächte der Natur würden nicht aufhören ihrerseits
Städte und Menschen zu vernichten. Der Himmel würde
einen unerhörten Sturm entfesseln, die Erde würde sich
auftun und alles verschlingen ...

Dennoch fand Abram in sich den Mut, all diesen Gefahren zu trotzen. Er ging in die Werkstatt seines Vaters

und zerschlug die Götterbilder, die dort auf ihre Abneh-
mer warteten. Wie er vermutet hatte, geschah nichts.
Der Himmel blieb strahlend blau und die Erde bebte
kein bisschen.

Damit war der Beweis erbracht, dass die Götterbilder
nur ein Haufen in der Sonne getrockneten Tons waren.
Sie besaßen keinerlei Macht. Die Götter, die sie darstell-
ten, existierten nur in der ängstlichen Einbildung der
Menschen ...

Nun ging Abram zu dem Feld zurück, wo er die
Stimme vernommen hatte, und blickte suchend zum
Himmel empor. Erneut ertönte die Stimme, die ihm
befahl:

»Geh aus deinem Land und aus deiner Verwandtschaft
und aus dem Haus deines Vaters in das Land, das ich dir
zeigen werde! Und ich will dich zu einer großen Nation
machen, und will dich segnen, und ich will deinen Namen groß machen, und du sollst ein Segen sein! Und ich
will segnen, die dich segnen, und wer dir flucht, den
werde ich verfluchen; und in dir sollen gesegnet werden
alle Geschlechter der Erde!« (Gen 12, 1–3).

Und die Stimme fügte hinzu:

»Und nicht mehr soll dein Name Abram heißen, sondern Abraham soll dein Name sein!«

Denn auf Hebräisch bedeutet Abraham »der Vater
einer Menge von Nationen« (Gen 17, 5).

Man muss zugeben, dass die Verfasser der Bibel gut zu
erzählen verstanden.

Diese erste Verwandlung des Individuellen ins Universelle, verkörpert durch einen Menschen, Abraham,
der allen Menschen gleicht, besticht durch ihre bewun-

dernswerte Einfachheit! Wer könnte den Mut dieses Abram-Abraham, des ersten Menschen in der Revolte, besser verstehen als meine Generation, die dem Druck von Götzen und den von deren Priestern erzwungenen Opfern unterworfen war?

Und da eine Erzählung, wie ich sie hier unternehme, vom persönlichen Teil, der uns mit ihrem Thema verbindet, nicht zu trennen ist, muss ich noch hinzufügen, dass die zärtliche Zuneigung, die ich für Abraham empfinde, auch von der Tatsache herrührt, dass mein Großvater, der beim Aufstand im Warschauer Ghetto starb (und von dem ich im Weiteren noch mehr erzählen werde), denselben Vornamen trug wie er.

Der biblische Abraham folgte, an der Spitze seines Stammes stehend, dem Weg, den der Ewige ihm vorgezeichnet hatte. Nach einer langen Reise gelangt er nach Kanaan, in die Gegend eines in den Bergen Judäas gelegenen Dorfes namens Salem, das später zu Jerusalem werden wird.

Durch Abraham schließt Gott, wie die Bibel berichtet, einen Bund mit einem Volk. Einen Bund im vollsten Sinne des Wortes, denn einen Bund schließt man nur mit einem Partner. Einen Bund auf der Basis von Gleichheit also, und nicht von Unterwerfung.

Eine Episode illustriert diese Freiheit, die der Mensch errungen hatte, sowie das Solidaritätsgefühl, das mit dieser Errungenschaft einhergeht. Eines Tages erfährt Abraham, dass Gott sich anschickt Sodom und Gomorrha wegen ihrer »Ruchlosigkeit« zu zerstören. Dieses Vorhaben erschüttert ihn, wie es auch uns erschüttert hätte. Er kann dieses Massaker nicht akzeptieren und sich damit begnügen die Zähne zusammenzubeißen. Er muss die Idee der Gerechtigkeit, der er sich verschrieben hat, verteidigen und sich der Freiheit des Wortes und des Gewissens bedienen, die ihm verliehen worden war. Also wendet er sich an Gott:

»Willst du wirklich den Gerechten mit dem Ungerechten wegraffen? Vielleicht gibt es fünfzig Gerechte innerhalb der Stadt: Willst du sie denn wegraffen und dem Ort nicht vergeben um der fünfzig Gerechten willen, die darin sind? Fern sei es von dir, so etwas zu tun, den Gerechten mit dem Ungerechten zu töten, so dass der Ungerechte wäre wie der Gerechte; fern sei es von dir! Sollte der Richter der ganzen Erde nicht Recht üben?« (Gen 18, 23–25).

Das ist eine provozierende Art, zu fragen. Spricht man so mit seinem Gott? Dennoch nimmt Gott keinen Anstoß daran. Abraham, und durch ihn alle Menschen, haben einen Bund geschlossen und berufen sich nun auf dieselben Werte wie Er, Gott. Er kann also mit vollem Recht von Gleich zu Gleich sprechen.

Der Talmud wird später sagen, dass das Gesetz vor Gott war. Folglich kann der Mensch den Ewigen beim Wort nehmen – wie auch der Ewige den Menschen beim Wort nehmen kann –, denn es gibt Normen und Prinzipien, die über beiden stehen.

Im besagten Moment antwortet Gott dem Abraham:

»Wenn ich in Sodom fünfzig Gerechte in der Stadt finde, so will ich um ihretwillen dem ganzen Ort vergeben.«

Und Abraham, der sich nicht sicher ist, ob sich in Sodom fünfzig Gerechte finden lassen, fährt im vollen

Bewusstsein der moralischen Kraft, die er repräsentiert, fort:

»Siehe doch, ich habe mich erdreistet zu dem Herrn zu reden, obwohl ich Staub und Asche bin. Vielleicht fehlen an den fünfzig Gerechten fünf.«

Der Ewige antwortet:

»Ich will sie nicht vernichten, wenn ich dort fünfundvierzig finde.«

Die Verhandlung geht weiter, bis zehn Gerechte genügen ... Schließlich fand sich in Sodom nur ein einziger Gerechter, der zu retten wäre: Lot. Er wurde gerettet, die Stadt aber wurde vernichtet. Gott übte Seine Macht aus, dennoch aber hatte Abraham Ihn an den Rahmen der Gerechtigkeit erinnert, innerhalb dessen Er dies tun sollte, an die Beachtung ihres Bundes.

Auf diese Weise, so scheint mir, hat sich der Mensch dem Judentum zufolge – und 2000 Jahre vor der Geburt des Christentums sowie 2600 Jahre vor der des Islam – von Gott emanzipiert.

Es gäbe noch vieles zu sagen über eine so reiche und grandiose Gestalt wie Abraham, der die unendliche Geschichte Gottes ankündigt. Doch ich überlasse das den Lesern, und ich hoffe, dass ich hiermit die Lust geweckt habe, im Buch der Bücher selbst auf die Suche zu gehen nach Abrahams Geschichten und Abenteuern ...

Nun ist es an der Zeit, dass ich von einem anderen »Gründervater« des Judentums erzähle, mit dem die Geschichte der Menschen begonnen hat.

Moses

ICH HABE MOSES am Vorabend des Pessach-Fests – das nach dem hebräischen Wort für »Vorübergehen« benannt ist – bei meinem Großvater Abraham in Warschau entdeckt. Ich war viereinhalb Jahre alt. Und ich, der ich hier oft an die Einbildungskraft meiner Leser appelliere, habe mich damals ebenfalls meiner Einbildungskraft bedient, wie es Kinder in diesem Alter eben tun.

Mein Großvater erzählte und las die Geschichte vom Auszug der Juden aus Ägypten. Mit geschlossenen Augen hörte ich zu und sah, wie die Worte mich mit Szenen, Geräuschen und Landschaften erfüllten. Ich versuchte mir diesen Moses vorzustellen, der eine so außergewöhnliche Erscheinung war, dass er sowohl Gott die Stirn zu bieten als auch dem Pharao sich zu widersetzen vermochte. Doch meine Traumbilder blieben ziemlich armselig. Moses erschien mir gewaltig, ein weißhaariger Mann, sein Gesicht von einer Aureole blauen Lichts – warum wohl blau? – umstrahlt, hielt er die beiden schweren Gesetzestafeln in seinen starken Armen. In Wirklichkeit, so glaube ich, hatte ich dieses Bild von einem mittelmäßigen Holzschnitt, der von der berühmten Skulptur Michelangelos gemacht wurde und den ich in einer illustrierten Enzyklopädie gesehen hatte. Der einzige, doch wichtige Unterschied: »mein« Moses stand und saß nicht. Er stand mit einer beinahe beängstigenden Reglosigkeit aufrecht da.

Noch lange nach der Ermordung meines Großvaters habe ich mit aller Kraft versucht ihn in Bewegung zu setzen. Doch meine Einbildungskraft weigerte sich strikt. Moses blickte auf den langen Weg, den er vor sich hatte, auf das Rote Meer oder die Wüste, doch er rührte sich keinen Meter vom Fleck! Viel leichter konnte ich mir da die Menge der Juden vorstellen, die er anführte. Ich sah, wie sie im Staub marschierten, sich gegenseitig stützten, wie sie beteten, vorwärts schritten.

Moses jedoch an ihrer Spitze konnte ich nicht erkennen!

Dieser reglose Moses begleitete mich durch meine ganze Kindheit, während des Krieges und auch dann noch, als ich in Paris ankam. Erst später, viel später sogar, während eines Gesprächs mit Rabbi Adin Steinsaltz, dem großen und feinsinnigen Talmudkommentator in Jerusalem, konnte ich ihn mir so vorstellen, wie er wirklich gewesen sein musste: ein außergewöhnlicher Mann voller Energie und Bewegung, ein fabelhafter Organisator.

Aus ich weiß nicht mehr welchem Grund sprachen wir über den Auszug des Volkes Israel aus Ägypten. Plötzlich nannte mir der Rabbi Zahlen, die mich erstaunten.

– Es waren da, sagte er, wobei er zögernd mit dem Kopf nickte, 601 703 jüdische Männer!

Ist Ihnen klar, was das bedeutet? In dieser Zahl sind weder die Frauen noch die Kinder enthalten, was eine mindestens dreifache Gesamtzahl ergibt. Auch sind in ihr die ägyptischen, libyschen und syrischen Sklaven sowie all jene nicht berücksichtigt, die wie bei jedem gro-ßen Exodus die Gelegenheit nutzten, um ihren Herren zu entfliehen und sich zu befreien. Ganz zu schweigen vom Volk des Jitro, des Hohen Priesters der Midianiter, das sich diesem sagenhaften Menschenzug anschloss.

In Wirklichkeit sind es mehr als drei Millionen Menschen mit ihren Herden, ihren Habseligkeiten und ihrer unermesslichen Hoffnung, die in Ramses ankommen, einer Stadt östlich des Nildeltas, ganz im Norden Ägyptens. Drei Millionen Menschen, die sich auf das Wort des Mose verließen, um ihm auf ihrem Weg nach Kanaan in die Wüste zu folgen. Drei Millionen, und das bei einer Gesamtbevölkerung, die im Mittleren Osten damals kaum das Vierfache gezählt haben dürfte!

Nun ist es an meinen Lesern, etwas Einbildungskraft an den Tag zu legen … Mich jedenfalls hat die plötzliche Vision dieser bunt zusammengewürfelten Menge, die so unermesslich groß war, dass sie ganze Täler ausfüllte, ganze Ebenen bedeckte, durch und durch erschüttert. Das war im wahrsten Sinne des Wortes ein ganzes Land in Bewegung!

Für den Bruchteil einer Sekunde, während Rabbi Steinsaltz mein naives Erstaunen belächelte, schloss ich die Augen. Endlich bewegte sich mein Moses!

Ich sah ihn, wie er, immer noch ebenso unerschütterlich wie entschlossen, an der Spitze dieser Menschenflut voranschreitet. Ich sah, wie er sich mit seinem Schwiegervater Jitro unterhält, wie er Minister, Richter, Ordnungshüter ernennt. Ich sah ihn von Sorgen erfüllt, sah ihn, wie er betete und die Verantwortung für diese Menge auf seinen Schultern trug. Ich sah ihn, wie er die einen überzeugte und die anderen streng anfasste, und wie er jeden Morgen wieder aufbrach, trotz Hitze, Staub und Erschöpfung. Und ich sah ihn, wie er all die vierzig Jahre hindurch diese Millionen Männer und Frauen organisierte, leitete und immer weiter auf dem Weg der Hoffnung führte, dorthin, wo es nichts gab, wohin es absurd war zu gehen, wo jedoch, er wusste es, noch alles möglich war.

Ich frage nun: Wie vielen Menschen ist es gelungen, ein Volk von Sklaven auf die Bühne der Geschichte zu führen? Wie viele haben es, alle Gefahren auf sich nehmend und meisternd, vermocht, ihr Volk vor der Vernichtung zu retten?

Noch heute, während ich davon erzähle, bin ich allein bei der Erinnerung an diese Bilder tief bewegt.

Moses wurde zur Zeit der Herrschaft Ramses' II. im Jahre 1225 vor unserer Zeitrechnung in Ägypten geboren. Als er wie alle männlichen jüdischen Erstgeborenen vom Pharao zum Tode verurteilt wird, setzt ihn seine Mutter in einen Korb aus Schilfrohr und vertraut ihn den Wassern des Nils an. Als die Tochter des Pharao im Fluss badet, findet sie den Korb im Schilf. Der Säugling und die Tatsache, dass er dem Tod geweiht war, rührt sie und so beschließt sie auf der Stelle ihn zu adoptieren. Der Knabe erhält den Namen Moses, »der aus dem Wasser Gezogene« ... Bis hierhin trägt die Geschichte die romantischen Züge eines schönen Films.

Es ist allerdings auch möglich, dass Moses bereits zweihundert Jahre früher geboren wurde, unter der Herrschaft von Thutmosis III. und Amenophis IV. Die

Inschriften von Serabit el-Qadim im Sinai, die aus dem 15. Jahrhundert vor unserer Zeitrechnung datieren, erzählen die Geschichte eines Aufständischen. Es wäre denkbar, dass es sich dabei um Moses handelt. Die Archäologen, die die Fundstelle entdeckten, glaubten in den in den Stein geritzten Zeichen das erste Alphabet zu erkennen. Sollte Moses sein Erfinder gewesen sein?

Dieser Unterschied von zwei Jahrhunderten ändert nichts am Verständnis des Judentums. Dennoch gibt diese zeitliche Perspektive der Debatte über Pharao Amenophis IV. – der sich den Namen Echnaton, »Sohn des Aton«, gab – und seine Entscheidung, in Ägypten einen einzigen Gott, den Sonnengott Aton, durchzusetzen, neue Nahrung. Um in dieser Entwicklung einen Einfluss des jüdischen Monotheismus zu sehen, ist es natürlich notwendig, dass Moses vor der Herrschaft Ramses' II. geboren wurde.

Ob es sich nun um den einen oder den anderen Zeitraum handelt, fest steht, dass sich die Hebräer einige Jahrhunderte vor der Geburt dieses den Wassern des Nils anvertrauten Knaben in Ägypten niedergelassen hatten. Und es war Joseph, der Sohn Jakobs, der sie nach einer schweren familiären Auseinandersetzung dorthin geführt hatte.

Erinnern wir uns noch einmal: Abraham – der unvergleichlich lange und trotzdem stets rüstig lebte! – hatte in hohem Alter von seiner Magd Hagar einen Sohn bekommen: Ismael. Da aber der Ewige wusste, wie traurig Abraham war, dass er mit seiner Frau Sarah keine Nachkommen hatte, gewährte er ihm am Ende seines Lebens noch diese unerwartete Gnade: Sarah brachte Isaak zur

Welt. Isaak hatte seinerseits einen Sohn namens Jakob, der wiederum dreizehn Kinder hatte, zwölf Söhne und eine Tochter, Dina.

Aus diesen zwölf Söhnen, den Urenkeln Abrahams, gingen die zwölf Stämme Israels hervor. Joseph war einer von ihnen, der Vorletzte, um genau zu sein – der Letzte war Benjamin, daher der Ausdruck »der Benjamin der Familie«.

Joseph war der weiseste der Brüder und daher der Lieblingssohn Jakobs. Diese offene Bevorzugung erweckte unweigerlich die Eifersucht seiner älteren Brüder. Hier kann man die Wahrhaftigkeit der biblischen Personenschilderungen sehen! Hat diese Gründerfamilie nicht große Ähnlichkeit mit den unseren? Kommen uns ihre kleinlichen Streitereien, ihre lächerlichen Komplotte nicht bekannt vor? Von denselben Leidenschaften, denselben Sorgen bewegt wie die Geringsten unter uns, weisen diese Figuren völlig reale menschliche Züge auf. Und vielleicht erlangen sie nicht nur durch ihre Qualitäten, sondern gerade auch durch ihre Fehler allgemeine Bedeutung!

Jakob also begeht in seiner blinden Zuneigung zu Joseph einen Fehler. Zweifellos ziemlich überstürzt verkündet er seinen Söhnen, dass Joseph bei seinem Tode seine Nachfolge antreten werde.

Die Brüder sind empört. Der Konflikt zwischen den Söhnen nimmt brutale Züge an. Um Joseph loszuwerden, entführen ihn seine Brüder und verkaufen ihn an einen Händler, der eine Karawane mit Sklaven nach Ägypten führt.

Diese Missetat wird sich für Joseph jedoch als Chance

erweisen. Von einem Ägypter gekauft, legt er eine unvergleichliche Widerstandskraft und Weisheit an den Tag, so dass er schließlich die wohlwollende Aufmerksamkeit seines Herrn auf sich zieht. Im Laufe der Zeit – man verzeihe mir bitte, wenn ich hier eine Abkürzung nehme! – interessiert sich auch der Herr seines Herrn für ihn: der Pharao höchstpersönlich; letztendlich wird er sogar dessen »Premierminister« werden.

Hier schließt sich nun der Kreis der Geschichte. Während der umsichtige Joseph in Ägypten große Vorräte an Lebensmitteln lagern ließ, löst eine außergewöhnliche Dürre bei den in Kanaan verbliebenen Hebräern eine Hungersnot aus. Vom Hunger getrieben, beschließen Josephs Brüder ihren Stamm nach Süden zu führen, nach Ägypten. Als sie dort ankommen, erkennt Joseph sie wieder und verzeiht ihnen. Mehr noch: Er lädt sie ein sich in seiner neuen Heimat niederzulassen.

Ich habe mir erlaubt diese Geschichte in aller Kürze zu erzählen, damit deutlicher wird, wie unterschiedlich Ägypten die Hebräer zur Zeit Josephs und dann später zur Zeit des Mose behandelte.

Zur Zeit Josephs wurde Ägypten von den Hyksos beherrscht, einem mit den Hebräern verwandten semitischen Volk, das wie sie ursprünglich aus Mesopotamien gekommen war. Als Moses geboren wurde, hatten sich die Verhältnisse vollkommen verändert. Das Land der Pharaonen lebte unter der Knute der aus dem Süden stammenden thebanischen Dynastie. Sie betrachtete den einen und unsichtbaren Gott der Juden als Anfechtung, als mögliche Bedrohung der eigenen Macht. Daher ließen die Ägypter nicht nach, die Hebräer unentwegt zu unterdrücken. Das Mittel, dies auf rentable und umfassende Art und Weise zu tun, war schnell gefunden. Ständig auf der Suche nach billigen Arbeitskräften für den Bau neuer Städte, machten sie die Juden zu Sklaven.

Moses, »der aus dem Wasser Gezogene«, lebt also in einem völlig anderen Kontext als seine Vorgänger. Dennoch wird er die zweite Gestalt aus unserer Geschichte sein, zu der Gott spricht.

Als Adoptivsohn der Tochter des Pharao wuchs Moses von dieser umhegt bei Hofe auf. Bis er erwachsen war, ist er zu einem richtigen Ägypter geworden, der vollkommen integriert ist und seine Herkunft meistens ganz vergisst. Von allen, den Höflingen wie den politisch Verantwortlichen, wird er in aller Selbstverständlichkeit als Cousin dessen betrachtet, der bald den Thron besteigen wird.

Unter diesen Umständen entdeckt er erst spät die Existenz der hebräischen Sklaven und das schreckliche Leben, das die Herren Ägyptens ihnen aufzwingen. Als er eines Tages sieht, wie ein Vorarbeiter einen von ihnen grausam auspeitscht, kann Moses seinen Zorn nicht mehr bändigen. Er reißt dem Ägypter die Peitsche aus der Hand und tötet ihn. Es gab sogleich einen Riesenskandal. Und auf einmal erinnerten sich die Ägypter wieder. Von diesem Moment an war er nicht mehr der Sohn der Tochter des Pharao, sondern nur mehr ein Jude.

Auf der Flucht kommt er in die Wüste Sinai. In der Nähe eines Brunnens trifft er eine junge Frau, Zippora. Sie ist die Tochter des Priesters von Midian namens Jitro. Vom ersten Augenblick an sind Zippora und Moses ineinander verliebt ...

Man nimmt Moses im Hause Zipporas auf, die bald seine Frau wird. Ihr erster Sohn wird den Namen Gerschom erhalten, was so viel bedeutet wie: »Fremder da«, oder genauer: »Ein Fremder bin ich in einem fremden Land« (Ex 2, 22).

Dieser Name wird eine Situation symbolisieren, die die Juden niemals vergessen werden.

»Wie ein Einheimischer unter euch soll euch der Fremde sein, der bei euch als Fremder wohnt«, heißt es im Buch Levitikus, »du sollst ihn lieben wie dich selbst. Denn Fremde seid ihr im Land Ägypten gewesen« (Lev 19, 34). Diese Regel der Solidarität, die die Grundlage jeder menschlichen Beziehung bildet und auf die man sich auch heute noch oft beruft – ein Zeichen dafür, dass sie wenig respektiert wird –, wurde also vor mehr als dreitausend Jahren zu einem der ersten Gesetze des Judentums!

So führt Moses, auf der Flucht aus dem heimatlichen Ägypten und nunmehr Familienvater, das Leben eines Hirten. Eines Tages, als er gerade seine Herde einen Hügel hinauftreibt, ergeht ein Ruf an ihn. Er hört eine Stimme, die seinen Namen ruft: »Mose, Mose!«

Wie sein Vorfahr Abraham blickt Moses um sich, erhebt die Augen zum Himmel – und sieht nichts. Doch die Stimme war deutlich vernehmbar, wie es auch bei Abraham der Fall gewesen war.

Die Stimme ruft erneut und der Ewige teilt sich Moses mit. Er sagt ihm, dass Ihn das Leid der Hebräer, jenes Volkes, mit dem Er seinen Bund geschlossen hatte, rühre und Er beschlossen habe, Moses zu beauftragen, seine

Brüder aus der Sklaverei des Pharao zu befreien und sie aus Ägypten herauszuführen (Ex 3, 6–10).

Doch Moses erweist sich vom ersten Augenblick seiner Begegnung mit dem Ewigen an als viel weniger folgsam als sein Vorfahr Abraham. Er war in einer anderen Kultur als derjenigen Mesopotamiens aufgewachsen, in einer stärker hierarchisierten, intellektuelleren, realistischeren und pragmatischeren Kultur. Zudem ist er ein Sesshafter. Ihm fehlt die geschärfte Einbildungskraft der Nomaden, von Umherziehenden also, für die das Leben ein Abenteuer ist, das vom Zufall unablässig auf die Probe gestellt wird. Für Abraham schien eine vom Himmel her kommende Stimme nichts Außergewöhnliches zu sein. Für Moses ist es ein Wunder, eine irrationale und folglich etwas suspekte Angelegenheit. Es kommt für ihn also nicht in Frage, »mit geschlossenen Ohren« zu gehorchen.

Moses will wissen, mit wem er es zu tun hat. Er will den Namen dessen erfahren, der hier spricht. Der rätselhafte Beweis, den ihm der Ewige liefert, ein brennender Dornbusch, den die Flammen jedoch nicht verzehren, genügt ihm nicht. Er fragt:

»Siehe, wenn ich zu den Söhnen Israel komme und ihnen sage: Der Gott eurer Väter hat mich zu euch gesandt, und sie mich fragen: Was ist sein Name?, was soll ich dann zu ihnen sagen?«

Die Antwort ist erstaunlich: »Ich bin, der ich bin« (Ex 3, 13–14).

In einer freien Übertragung könnte man das wie folgt lesen: »Mein Name ist *Ohne-Name*.«

Philosophie wie Psychoanalyse haben uns gelehrt, dass

die Tatsache, ein Ding oder eine Person zu benennen, darauf hinausläuft, ihnen in unserer intelligiblen Welt eine Existenz zu verleihen. Zudem erlaubt uns der Name insbesondere in unseren Beziehungen zum Anderen, dessen Geheimnis und Unterschiedlichkeit zu begrenzen und ihn uns letzten Endes anzueignen. Nun beruht aber die ganze Besonderheit, das ganze Geheimnis und die ganze Macht des Ewigen eben darauf, dass Er außerhalb unseres Blicks und unserer Wahrnehmung existiert: *Er ist* schlicht und einfach.

Das ist aber noch nicht alles.

Ich bin »der Gott Abrahams, der Gott Isaaks und der Gott Jakobs«, verkündet der Herr sogleich.

Indem Er sich so mit einer Abstammungslinie in Bezug setzt und Moses in die lange Geschichte einordnet, die ihm vorausging, weist Gott allen Menschen ein »vorher« und ein »nachher« zu – mit einem Wort: die Zeit.

Daher folgende Überlegung einer chassidischen Schrift aus dem 18. Jahrhundert: »Warum wiederholt Gott drei Mal: ›Ich bin der Gott Abrahams, der Gott Isaaks und der Gott Jakobs‹, während er doch einfach hätte sagen können: ›Ich bin der Gott Abrahams, Isaaks und Jakobs‹?«

Der chassidische Text gibt zur Antwort: Wenn Gott auch für alle Menschen ein und derselbe ist, so ist und wird Er für jeden Einzelnen stets eine individuelle Erfahrung sein, an welchem Ort oder in welcher Zeit sich derjenige, der den Bund mit Ihm teilt, auch befinden mag.

Der Gedanke, dass die Geschichte der Menschheit nicht nur im Raum der Völker und Kulturen, sondern notwendigerweise auch in der Zeit stattfindet, erscheint uns heute vermutlich als selbstverständlich! Abgesehen davon, dass wir um einige Jahrtausende älter sind als Moses. Wir haben genauer gesagt »die Zeit« gehabt, uns an diese Einsicht zu gewöhnen, die damals eine Entdeckung darstellte. Deren Inhalt war und bleibt von wesentlicher Bedeutung. Wenn die Zeit nicht von Starrheit und Wiederholung, sondern von Entwicklung und Variation geprägt ist, kurz, wenn sie zur Geschichte wird, dann kann der Mensch in den verschlungenen Windungen ihres Ablaufs die Entwicklung der Menschheit wie seine eigene Entwicklung studieren und verstehen. Und daraus Wissen, Regeln und Gesetze gewinnen.

Moses begreift dies und akzeptiert das Angebot des Ewigen. Nichtsdestotrotz hat er einen weiteren Einwand. Und zwar einen gewichtigen. Wie? Wie wird er sein Volk aus der Sklaverei befreien?

»Durch das Wort!«, antwortet ihm Gott.

An dieser Stelle wird die menschliche Rede zum ersten Mal als ein Tun bezeichnet.

Hat nicht der Herr selbst die Welt durch das Wort erschaffen? Das Wort, so spricht Gott zu Moses, ermöglicht nicht nur die Erschaffung der Welt, sondern verleiht dem Menschen erst seine ureigenste Existenz und wird ihm zur unumschränkten Waffe der Befreiung. Und das gilt heute genauso wie damals. Nichts hat sich daran geändert. Es ist stets die erste Sorge der Henker und Despoten, ihre Opfer des Wortes zu berauben. Denn sobald sie (wieder) zu Wort kommen, wird eben das Wort sie befreien. Die Zensur ist zeitlos und erfüllt stets dieselbe Funktion.

Dennoch enthält auch diese Geschichte – wie alle großen und schönen Geschichten – unerwartete Wendungen. Moses glaubt zwar gerne an den Wert und die Wirksamkeit des Wortes Gottes, doch wie steht es mit dem Wort des Menschen?

»Ich werde mit dir sein«, versichert der Ewige.

Moses aber bleibt hartnäckig:

»Ach, Herr! Ich bin kein redegewandter Mann, weder seit gestern noch seit vorgestern, noch seitdem du zu deinem Knecht redest; denn unbeholfen ist mein Mund und unbeholfen meine Zunge« (Ex 4, 10).

Und wir erfahren zu unserem Erstaunen, dass Moses stotterte! Das ist erneut ein Symbol einer unerhörten Macht. Gibt es eine bessere Möglichkeit, dem Menschen die Macht des Wortes zu beweisen, als dadurch, dass man der unsicheren und verachteten Rede eines Stotterers zum Sieg verhilft?

Wir wissen, wie die Geschichte weitergeht: mit den ersten Begegnungen – heute würde man sagen: »Verhandlungen« – des Mose mit dem Pharao (in Begleitung seines Bruders Aaron) und den »zehn ägyptischen Plagen«. Selbst wenn wir noch nie eine Bibel aufgeschlagen haben, sind wir mit dem Durchzug der Hebräer durch das Rote Meer und der Geschichte vom Berg Sinai vertraut.

Die Bibel erzählt uns, dass Moses vierzig Tage auf dem Gipfel dieses 2228 Meter hohen Berges blieb. Mit Hilfe des Ewigen schrieb er dort die Zehn Gebote auf zwei steinerne Tafeln. Später wird man sie als Dekalog bezeichnen, ein auf der Grundlage des Griechischen gebildeter Begriff: *deka logoi*, die zehn Worte.

Nach Erfüllung dieser Aufgabe stößt er jedoch sogleich auf die ersten Hindernisse: die Unfähigkeit der ehemaligen Sklaven, ihre Freiheit innerlich auf sich zu nehmen.

Während er auf dem Berg Sinai war, wartete die gewaltige Menge, die er mit sich geführt hatte, in der Wüste ungeduldig auf ihn. Hungrig, durstig, seit über einem Monat in der Ungewissheit ihrer Rückkehr verharrend, widersetzten sich die Hebräer dem Mann, der sie auf eine so lange und beschwerliche Reise sowie in eine Welt geführt hatte, auf die sie nicht vorbereitet waren. Eine Revolte, die umso leichter fiel, als das »Wort« Mose, sein Charisma, das sie hätte beruhigen können, in diesem Moment eben nicht da war.

Als er endlich zu den Seinen hinabstieg, musste Moses mit ansehen, wie sie dem Wahn verfallen waren und mit Trinkgelagen und wilden Tänzen dem Goldenen Kalb huldigten. Die sich gestern noch gegen die Unterdrückung aufgelehnt hatten, waren erneut bereit sich dem erstbesten Despoten zu unterwerfen, sobald dieser ihnen nur eine leichte und nahe Zukunft versprach.

Die meisten von ihnen hatten Ägypten nur verlassen, um ihrem unmittelbaren Leid zu entfliehen. Und nicht deshalb, um ein neues Land und eine neue Welt zu gründen. Was bedeutete ihnen die Freiheit, wenn sie ihnen nur als Quelle der Angst, als nutzlose Prüfung erschien, deren Sinn und Zweck sich ihnen entzog? Dass ihre Gegenwart so beschwerlich, so ungewiss und bedrohlich war, wurde für sie ebenso unverständlich wie unerträglich. Derart beunruhigt, waren sie bereit sich von allen Mühen, die sie bisher auf sich genommen hatten, loszusagen. War es letzten Endes nicht besser, unter der Knute zu bleiben?

»Warum hast du uns das angetan, dass du uns aus Ägypten herausgeführt hast?«, hatten sie Moses schon vorher gefragt. »Lass ab von uns! Wir wollen den Ägyptern dienen! Es wäre nämlich besser für uns, den Ägyptern zu dienen, als in der Wüste zu sterben« (Ex 14, 11–12).

Moses ist wütend. Außer sich vor Zorn, zerschmettert er die Gesetzestafeln und »mit der starken Hand« des Ewigen ließ er die Götzenanbeter umbringen (Ex 32, 26–29). Bald aber hatte er sich wieder gefasst. Zweifellos hatte er begriffen, dass er die Humanität, auf die er sich berief, auch selbst und gerade unter schlimmen Bedingungen als Erster praktizieren musste. Und er hatte gleichfalls begriffen, dass Prüfungen nur dann akzeptiert werden, wenn sie tief im Herzen der Menschen als sinnvoll erscheinen.

Also bat er Gott, denen, die ihm den Gehorsam verweigert hatten, zu verzeihen. Anschließend stieg er erneut auf den Berg und schrieb eine zweite Fassung der Gesetze.

Da in dem einzigartigen Buch, das die Bibel darstellt, nichts zufällig geschrieben steht und in das ganze Szenario nur unerlässliche Szenen Eingang finden, habe ich mich lange Zeit gefragt, warum es wohl notwendig war, dass Moses die Gesetzestafeln ein zweites Mal schreibt. Er hätte auch in Zorn geraten können, ohne die steinernen Platten zu zerschmettern. Zudem scheinen die beiden Versionen auf den ersten Blick vollkommen gleich zu sein.

Dennoch gibt es einen – bedeutenden – Unterschied.

Er betrifft das Gebot, das sich auf die Einhaltung des Sabbat bezieht. In der ersten Version, der des Buches Exodus, beruft sich Moses zur Einrichtung dieses »arbeitsfreien« Tages darauf, dass Gott nach der Erschaffung der Welt in sechs Tagen selbst ruhte (Ex 20, 8–11 und 31, 12–17). In der zweiten Version, der des Buches Deuteronomium, stützt er sich auf die Erinnerung an die Sklaverei in Ägypten (Dtn 5, 14–15).

Man kann in dieser Akzentverschiebung den Willen angelegt sehen, dem Menschen selbst die Verantwortung für das Gesetz zu geben, das ihn betrifft. Während die Hebräer unten im Tal bereit waren ihre Freiheit zu verleugnen und unter das Joch Ägyptens zurückzukehren, wird gerade die Befreiung von der Knechtschaft des Pharao zum Gegenstand der Erinnerung und Meditation am Sabbat.

Wenn die erste Version der Zehn Gebote die Version Gottes ist, dann wird die zweite in gewisser Weise zur Version des Mose und also der Menschheit. Die Tatsache, dass die Menschen die Konsequenzen aus ihren Erfahrungen ziehen und untereinander ihre eigenen Regeln beschließen, impliziert zudem, dass sie sich diesen Regeln nicht aus reiner Gottergebenheit oder Verehrung unterwerfen. Auf diese Weise werden sie niemals der Götzenverehrung dienen können. Daraus ergibt sich eine für den Geist des Judentums wesentliche Feststellung: Das Gesetz wurde aus Liebe zum Menschen gegeben und nicht aus Liebe zu oder Unterwerfung unter einen Gott, und sei es der Ewige!

Haben wir uns nicht oft schon gefragt, warum Moses uns von allen Gründervätern des Judentums als der »menschlichste« erscheint? Als der Einzige, dem wir ein Gesicht, einen Körper zu geben vermögen? Was zweifellos die große Zahl an Kunstwerken, Erzählungen, Romanen und Filmen erklärt, deren Held er ist.

Es stimmt durchaus, dass wir über ihn mehr Informationen besitzen als über die anderen. Es ist ebenfalls wahr, dass er von seiner Geburt an und im Verlaufe seiner ganzen Geschichte als voll im Leben stehend geschildert wird. Alles geschieht so, als hätten die Verfasser der Bibel, indem sie uns all diese Details über ein »wirkliches Leben« mitteilten, von Anfang an gewünscht, ihm ein rein irdisches Schicksal zu verleihen.

Durch diesen »literarischen« Taschenspielertrick scheint es auf den ersten Blick in der Tat so, dass das Werk des Menschen mehr zählt als das seines Schöpfers. Letztendlich aber begreifen wir, dass die Bibel durch dieses Schicksal und dieses zutiefst menschliche Werk das eigentliche Ziel des Mose am treffendsten vor Augen führt: zur Menschlichkeit des Menschen zu gelangen und sie zu offenbaren. Deshalb kann uns sein Beispiel auch in unserem eigenen Leben helfen und uns – bisweilen – über die Grenzen unserer eigenen Fähigkeiten hinausführen.

Ich erinnere mich an eine Begegnung mit Golda Meir, die damals israelische Premierministerin war. Wir schrieben das Jahr 1969. Der jüdische Staat sah sich mit seinen Nachbarn konfrontiert, die ihn nicht anerkennen wollten. Yassir Arafat, der Chef der El Fatah, lehnte jegliche Diskussion ab und empfahl die Zerstörung des von ihm so bezeichneten »Marionettenstaats«. Blutige

Attentate erschütterten regelmäßig das Land und hinter-
ließen für immer Narben in der Geschichte Israels.

Als damaligem Mitglied des Internationalen Komi-
tees für einen Verhandlungsfrieden im Nahen Osten erschien es mir als notwendig, den in der Nähe Ammans
residierenden Terroristenchef zu besuchen und mit ihm
zu sprechen. Ich legte allerdings Wert darauf, Golda
Meir vorab zu informieren. Ich erhielt einen Termin und
sie empfing mich, meiner Erinnerung nach, in einem
großen kahlen Büro. Als ich ihr mein Vorhaben mit-
teilte, wurde sie schroff:

– Du willst die Hand dieses Menschen schütteln, an
der das Blut jüdischer Kinder klebt?, rief sie aus.

Ich hatte einen Protest erwartet, nicht aber die Härte,
die ich in ihrem Gesicht las.

– Und Moses?, gab ich zurück. Ist nicht auch Moses
zum Pharao gegangen, an dessen Händen das Blut aller
Erstgeborenen Israels klebte?

– Mit dieser Mission hatte ihn Gott beauftragt, erwi-
derte sie kühl.

Nach einem eisigen Schweigen fuhr sie fort:

– Und du bist nicht Moses!

– In der Tat, gab ich missmutig zur Antwort. Ich bin
nicht Moses und es ist nicht Gott, der zu mir sprach.
Allerdings mein Gewissen. Darüber hinaus glaube auch
ich an die Macht des Wortes.

Und ich fügte hinzu:

– Wenn das Wort von einem von uns das Leben eines
einzigen Kindes retten kann, wäre es ein Verbrechen, es
nicht zu versuchen.

Der Abschied war kühl. Ich fühlte mich beschämt

und hatte den Eindruck, der Situation nicht gewachsen gewesen zu sein. Und in der Tat, war es denn, Tausende von Jahren nach der Übergabe der Zehn Gebote wirklich seriös, wenn sich zwei verantwortungsbewusste Erwachsene auf das Verhalten des Mose beriefen, um eine schwierige Entscheidung zu treffen?

Wir sollten uns jedoch daran erinnern, dass der Talmud behauptet, dass alle Kinder, die jemals – selbst in einer fernen Zukunft – geboren werden, am Fuße des Berges Sinai anwesend waren, als Moses das Gesetz übergab. Das bedeutet, dass jeder Mensch von Geburt an über das Gefühl für Gut und Böse verfügt. Mit anderen Worten: Jeder Mensch hat ein Gewissen. Ich glaube nicht, dass das ein bloßes Hirngespinst ist.

Warum hat denn kein Einziger der großen Verbrecher der Geschichte je die Verantwortung für seine Verbrechen übernommen? Im Gegenteil, alle haben versucht sie zu bemänteln, zu vertuschen, zu leugnen. Alle haben sie jede noch so plumpe Lüge der Wahrheit vorgezogen, selbst dann, wenn ihre Macht sie vor jeglicher menschlichen Strafe und vor aller Verfolgung schützte. Als würden diejenigen, die das Gesetz nicht einhalten, es dennoch kennen und fürchten.

Wenn dem so ist, dann steht es in unserer Macht, den Menschen ins Gewissen zu reden. Allen Menschen. Deshalb wandte sich mein Großvater Abraham im Warschauer Ghetto an die Nazis. Deshalb ging im Jahre 43 unserer Zeitrechnung Philon von Alexandria zu Caligula, dem unersättlichen Mörder auch von Mitgliedern seiner eigenen Familie, um mit ihm zu sprechen. Als dieser sich nämlich daranmachte, die Juden Alexandriens zu töten, schrieb Philon einen Protestbrief und ließ ihn von berühmten Männern seiner Zeit unterzeichnen. Anschließend nahm er ein Schiff und begab sich nach Rom, um das Schreiben dem Kaiser zu übergeben. Wider Erwarten hat Caligula ihn empfangen. Was, wie wir zugeben müssen, keine weiteren Konsequenzen hatte als die, dass er mit seiner eigenen Schuld konfrontiert wurde ...

Wie dem auch sei, ich war über die feindliche Haltung Golda Meirs allzu verwirrt, als dass ich mich in jenem Moment an diese Geschichte erinnert hätte. Am nächsten Morgen jedoch wurde ich gegen sechs Uhr früh durch das Klingeln meines Telefons geweckt. Die Sekretärin Golda Meirs stellte mich zur Premierministerin durch:

– *Lech!*, sagte sie einfach. Geh!

Moses, sagt uns die Bibel, starb im Alter von hundertzwanzig Jahren auf dem Berg Nebo, das Land Kanaan, das Gott dem Volk Israel versprochen hatte, vor Augen. Ein Land, das er nicht betreten wird, genauso wenig, wie ihm das Glück beschieden sein wird, die tief greifende Wirkung der Gebote zu erleben, die er in Stein gemeißelt und seinem Volk anheim gestellt hatte. Seine einzige Belohnung war der Kuss des Ewigen. In der Logik des Judentums geht die Anonymität seines Endes vollkommen in Ordnung. Niemand weiß, wo sich sein Grab befindet, damit es weder Anlass zu besonderem Eifer noch zu irgendwelchem Götzendienst geben kann.

Dennoch hat mich dieses Ende stets beeindruckt. Anders als die wesentlichen Gestalten der großen Religionen, die bei ihrem Tode in der Regel zu einer Art Verklärung oder Heiligkeit gelangen, verlässt Moses diese Welt wie wir alle: enttäuscht und unerfüllt. Bei Kafka gibt es einen Satz voller Zärtlichkeit und Trauer, der dieses Gefühl perfekt wiedergibt: »Nicht weil sein Leben zu kurz war, kommt Moses nicht nach Kanaan, sondern weil es ein menschliches Leben war.«*

* Franz Kafka, *Tagebücher 1910–1923*, Frankfurt am Main: S. Fischer 1992, S. 399 (A. d. Ü.).

Das Gesetz

ICH KANN MICH von der Gestalt des Mose nicht ver-
abschieden, ohne noch einmal auf sein grundlegen-
des Werk zurückzukommen. Denn das Gesetz und die
Zehn Gebote stellen den ersten Schritt auf dem Weg zur
Befreiung des Menschen dar, einschließlich seiner Beziehung zu Gott. Ja, vor allem in seiner Beziehung zu
Gott. Diese Verpflichtung zur Freiheit bildet eine der
wesentlichen Grundlagen des Judentums.

Darüber hinaus gefällt mir der Gedanke, dass das
Gesetz die Liebe überwiegt. Daraus soll man aber nicht
schließen, dass die Liebe in meiner Tradition keinen
Platz hätte! »Du sollst deinen Nächsten lieben wie dich
selbst«, diese Maxime findet sich, wie bereits gesagt, im
Buch Levitikus. Sie schreibt die Achtung und Liebe für
den Anderen ins Herz des Judentums ein, und das, lange
bevor sie in den Evangelien auftauchen.

Allerdings gibt es vielfache Formen der Liebe und
auch ihre Intensität variiert. Das Gesetz geht unseren
persönlichen Beziehungen voraus und es geht über sie
hinaus, indem es uns in ein Ganzes hineinstellt: und
zwar in die Menschheit, die vom Bösen bedroht wird.
»Du sollst deinen Bruder in deinem Herzen nicht hassen. Du sollst deinen Nächsten ernstlich zurechtweisen,
damit du nicht seinetwegen Schuld trägst. Du sollst dich
nicht rächen und den Kindern deines Volkes nichts

nachtragen« (Lev 19, 17–18). Doch bleibt dieses Gesetz unter allen Umständen für alle dasselbe. Selbst gegenüber unserem Feind: »Wenn du das Rind oder den Esel deines Feindes umherirrend antriffst, sollst du sie ihm auf jeden Fall zurückbringen. Wenn du den Esel deines Hassers unter der Last zusammengebrochen siehst, dann lass ihn nicht ohne Beistand; du sollst ihn mit ihm zusammen aufrichten« (Ex 23, 4–5).

Dennoch hat das Gesetz eine Vorbedingung nötig: Es kann nur in Freiheit praktiziert werden. Der Talmud weist uns mit Nachdruck darauf hin. Wenn Moses das Gesetz (in die steinernen Tafeln) eingraviert hat, dann deshalb, weil das Wort für »eingraviert« – auf Hebräisch *harut* – auch als »Freiheit« gelesen werden kann, *herut*. Nun ist aber diese so viel besagte Freiheit nicht allzu leicht zu erringen.

Hat man die Auflehnung, die auf das Leid der Unterdrückung antwortet, erst einmal hinter sich, muss man darüber hinaus auch in der Lage sein, die errungene Freiheit zu *leben*. Das ist die Entdeckung, die Moses machte, als er vom Berg Sinai hinabstieg. Jene, die gelitten und sich aufgelehnt haben, sind allzu oft nicht in der Lage, die Grenzen zu überschreiten, die ihnen ihre Vergangenheit setzt.

Als mich im Jahre 1989 – die Perestroika war gerade in vollem Gange – Andrej Sacharow nach Moskau einlud, war er überzeugt, dass in Russland bereits die Demokratie eingekehrt sei.

– Es gibt Demonstrationen auf dem Manege-Platz, erklärte er stolz. Und niemand verbietet sie. Niemand verhaftet oder verschleppt die Demonstranten!

In der Tat fanden damals im Schatten des Kreml einige Demonstrationen statt, für die Unabhängigkeit der baltischen Länder, Tschetscheniens, für einen größeren Einfluß der orthodoxen Kirche ... Es gab sogar eine Demonstration gegen die Juden! Doch stellte ich fest, dass niemand, dass kein Einziger für die Demokratie demonstrierte!

Als ich am Abend Andrej Sacharow und seine Frau Jelena Bonner traf, sagte ich zu ihnen:

– Sie wollen nicht!

– Sie wollen was nicht?

– Die Russen wollen die Demokratie nicht.

Sacharow beugte sich etwas vor und lächelte:

– Das kommt daher, weil es sich mit der Demokratie wie mit einer Orange verhält, sagte er.

– Aha?

– Bei denen, die niemals eine Orange gesehen haben, droht keine Gefahr, dass sie eine Orange verlangen. Man muss erst einmal um deren Existenz wissen, um ihre Qualitäten, man muss zunächst ein Bedürfnis nach der Orange schaffen, damit man Lust auf diese Frucht bekommt.

Sacharow hatte Recht. Eine Sache ist es, sich seiner Ketten zu entledigen, eine andere aber ist es, in der Lage zu sein, diese Freiheit auch zu leben.

Das wusste allerdings schon Moses vor einigen tausend Jahren. Deshalb hielt er sein Volk nach der Befreiung aus der Sklaverei der Ägypter vierzig Jahre lang in der Wüste. Es brauchte die Zeit einer ganzen Generation, bis die alten Sklavenreflexe – ihre »Sklavenkultur« sozusagen – verschwunden waren. Eine neue Generation musste geboren werden und im Gesetz heranwachsen, damit sie in seinem Sinne erzogen werde und es in der Weise achte, wie man auf das achtet, was uns gehört.

In diesem Zusammenhang gibt es eine köstliche chassidische Erzählung. Gott entwirft die Zehn Gebote und fragt Sich, wem Er sie anbieten soll. Er erinnert Sich der Söhne Esaus und wendet Sich an sie. Diese fragen natürlich:

– Was gebieten diese Gebote?

– Du sollst nicht töten, antwortet der Ewige.

– Nein danke, antworten die Söhne Esaus. Dazu müssten wir auf den Segen unseres Vaters verzichten, der, als er von uns ging, sagte: Von eurem Schwert werdet ihr leben.

– Der Ewige wendet Sich nun an die Söhne Ammons und Moabs.

– Was gebieten deine Gebote?, fragen auch sie.

– Sechs Tage sollst du arbeiten, am siebten Tage aber sollst du ruhen ...

– Wie sollen wir aber dann überleben, wenn heute schon sieben Tage Arbeit nicht ausreichen, um uns zu ernähren?

Schließlich wendet sich der Ewige an die anderen Völker, die Seine Gebote allesamt für zu streng erachten. Sie schlagen Ihm vor sie dem Volk Israel anzubieten, das in der Wüste umherzieht und nicht viel zu verlieren hat.

Der Ewige findet die Idee gut und ruft Moses:

– Geh und frage die Hebräer, ob sie die Zehn Gebote akzeptieren würden.

Moses nimmt sich die Sache zu Herzen, wendet sich

aber zunächst an die Frauen. Moses, so sagt uns der Talmud, hat nämlich begriffen, dass Adam aus eigenem Antrieb niemals den Gehorsam verweigert hätte, wenn Gott die Eva belehrt hätte.

Nachdem er sich also der Unterstützung der Frauen versichert hatte, versammelte Moses das Volk:

– Akzeptiert ihr die Zehn Gebote?, fragt er.

– Wir wollen sie, antworten die Hebräer, und wir werden erfüllen, was sie gebieten!

Moses misstraute einer derart schnell eingegangenen Verpflichtung:

– Wer wird vor Gott für euer Versprechen bürgen?, fragt er.

– Unsere Ahnen.

– Eure Ahnen sind tot, wie können sie da für euch bürgen?

– Nun, dann eben unsere Propheten.

– Eure Propheten sind noch nicht geboren, erwidert Moses, wie können sie da für euch bürgen?

An dieser Stelle greifen die Frauen ein:

– Unsere Kinder mögen unsere Bürgen sein, schlagen sie vor. Der Ewige wird dich die Tora lehren und du wirst sie den Vätern lehren. Anschließend werden die Väter sie an ihre Kinder weitergeben, und die Kinder wiederum an ihre Kinder ...

Moses wendet sich an die Kinder:

– Seid ihr einverstanden für eure Eltern zu bürgen?

– Ja, antworten sie.

Auf diese Weise, so schließt die Erzählung, haben die Juden die Tora empfangen.

Ich stelle mir vor, wie Moses, als er die Zehn Gebote in die steinernen Tafeln eingravierte, zwei Schwierigkeiten zu meistern hatte. Er musste nicht nur einen nicht-bildhaften Ausdruck finden, der der abstrakten Idee eines einzigen Gottes entsprechen würde, sondern er musste auch an die Einheit dieser bunt zusammengewürfelten Menge denken, die auf seine Rückkehr wartete.

Daher musste er die verschiedenen Glaubensüberzeugungen berücksichtigen, die die Herzen dieser Menschen bewegten, ihre jüngste Geschichte, ihre Erfahrungen sowie ihr Verständnis- und Antizipationsvermögen. Umso mehr ist das vollendete Werk zu bewundern, wenn man diesen besonderen Kontext in Betracht zieht.

Die Zehn Gebote (Ex 20, 1–17 und Dtn 5, 4–21) beginnen mit einem Postulat: Es gibt Gott, Er ist ein Einziger und Er allein ist der Schöpfer des Himmels, der Erde und des Menschen.

Dieser Gott ist es, der, wie wir gesehen haben, die Menschheit auf die Bahn der Geschichte setzt: »Ich bin der Gott deines Vaters, der Gott Abrahams, der Gott Isaaks und der Gott Jakobs« (Ex 3, 6). Nun heißt es weiter: »Ich bin der HERR, dein Gott, der ich dich aus dem Land Ägypten, aus dem Sklavenhaus herausgeführt habe« (Ex 20, 2).

Diese wenigen Zeilen stellen die knappste Zusammenfassung in der Geschichte des menschlichen Denkens dar. In nur zwei Sätzen entdecken die Menschen, dass sie in die Zeit hineingestellt sind. Aber nicht irgendwie, sondern als frei! Gott hat sie aus dem »Sklavenhaus« herausgeführt. Dadurch zeigt Er auch, dass der Menschheit die Zeit als ein potenzielles Werkzeug der Befreiung gegeben wurde.

Die Freiheit aber ermöglicht alles: Gutes wie Böses. Und auch die Unterwerfung. Die Unterwerfung unter den Menschen ebenso wie die Unterwerfung unter die Kräfte der Natur, die nur eine Form der Sklaverei darstellt.

Dies alles hat Er, wie ich glaube, bedacht, als Er die nächsten Gebote schrieb: »Du sollst keine anderen Götter haben neben mir« und »Du sollst dir kein Götterbild machen, auch keinerlei Abbild dessen, was oben am Himmel oder was unten auf der Erde oder was in den Wassern unter der Erde ist. Du sollst dich vor ihnen nicht niederwerfen und ihnen nicht dienen.«

An welche Götter denkt Moses, als er von anderen Göttern oder Götzen spricht? Natürlich an jene, die die Naturelemente repräsentieren, die wilden Tiere, doch auch an ihre bestialische Menschen-Version: an jene Tyrannen und Diktatoren, die immer wieder in Erscheinung treten – die Pharaonen, die künftigen Caligulas sowie die lange Reihe, die zu Hitler, Stalin, Pol Pot oder irgendwelchen Ceauceşcus führt ...

Schließlich gibt es keine Freiheit ohne den Sinn für die Freiheit, das heißt für das Gesetz. Und im »Sklavenhaus« gibt es kein Gesetz. Ständig werden Götzen vor uns aufgerichtet und wir müssen ihnen unentwegt die Stirn bieten.

In diesem Zusammenhang wittert Moses eine weitere Gefahr: die mögliche Unterwerfung unter den Ewigen selbst, unter den, der uns geschaffen, uns aus der Sklaverei befreit und auf die Gleise der Geschichte gesetzt hat. Deshalb fügt er hinzu: »Du sollst den Namen des HERRN, deines Gottes, nicht zu Nichtigem aussprechen ...«

Auf dieser Grundlage kann er die Menschen als verantwortliche Wesen ansprechen. Daher führt das folgende Gebot meines Wissens zum allerersten Mal eine soziale Regel ein, die sich als universal erweisen wird: »Sechs Tage sollst du arbeiten und all deine Arbeit tun, aber der siebte Tag ist Sabbat für den HERRN, deinen Gott. Du sollst an ihm keinerlei Arbeit tun, du und dein Sohn und deine Tochter, dein Knecht und deine Magd und dein Vieh und der Fremde bei dir, der innerhalb deiner Tore wohnt.«

Jahrtausende vor der ersten Gewerkschaftsbewegung erfindet ein Mann eine Woche mit sechs Arbeitstagen und einem Ruhetag für alle, die Knechte und Mägde eingeschlossen! Wir können uns vorstellen, was ein solches Gesetz zur Zeit Mose bedeuten musste, wenn es zu Beginn des 20. Jahrhunderts selbst bei uns in Frankreich noch als allzu revolutionär erschien.

Für die frommen Juden hat der Sabbat noch eine zusätzliche Bedeutung: die Aufhebung der Zeit. Denn wo es weder Tun noch Arbeit, wo es überhaupt kein Eingreifen des Menschen gibt, wird die Zeit nicht mehr gemessen. Wenn sich aber der Mensch von seiner aktiven Beziehung zur Welt löst, nähert er sich Gott an. Weshalb der Talmud sagt: »Eine zusätzliche Seele gibt der Heilige, gelobt sei Er, am Vorabend des Sabbat in den Menschen, und zum Ausgang des Sabbat nimmt Er diese wieder von ihm weg« (*Jom tow* 16, a).

Darüber hinaus sind einige jüdische Denker, wie zum

Beispiel Erich Fromm, davon überzeugt, dass das geistige und moralische Überleben der Juden im Laufe von zweitausend Jahren der Verfolgung und Erniedrigung kaum möglich gewesen wäre, wenn es nicht diesen Tag der Woche gegeben hätte, an dem sich auch der Ärmste und Zurückgesetzteste in ein würdiges und stolzes Wesen, an dem sich der Bettler in einen König verwandelt sah.

Es würde zu lange dauern, die weiteren Gebote hier einzeln zu analysieren. Sie sind gewiss bekannt: »Du sollst nicht töten« oder »Ehre deinen Vater und deine Mutter«. Sie sind heutzutage Teil beinahe aller Rechtsordnungen der Welt.

Als die Revolutionäre von 1789 überlegten, welche für alle neuen Bürger der Republik glaubwürdige und verständliche äußere Form sie dem wunderbaren Text der Erklärung der Menschenrechte geben sollten, wählten sie trotz ihrer antiklerikalen Einstellung die Form der Gesetzestafeln.

Und in der Tat verkündeten die Zehn Gebote eine ganze, der alltäglichen Praxis gewidmete Rechtsordnung, die Moses während der vierzig Jahre dauernden Wanderschaft durch die Wüste erließ. Auf diese Weise hinterließ er uns kurz vor seinem Tod einen Moralkodex von unerhörter Modernität:

»Den Fremden sollst du weder bedrücken noch bedrängen, denn Fremde seid ihr im Land Ägypten gewesen. Keine Witwe oder Waise dürft ihr bedrücken« (Ex 22, 20).

»Du sollst den bedürftigen und armen Lohnarbeiter nicht unterdrücken, sei er einer von deinen Brüdern oder von deinen Fremden, die in deinem Land, in deinen Toren wohnen. Am selben Tag sollst du ihm seinen Lohn geben und die Sonne soll nicht darüber untergehen – denn er ist bedürftig und verlangt sehnsüchtig danach« (Dtn 24, 14–15).

Man vergesse nicht, dass das vor ungefähr dreitausendfünfhundert Jahren geschrieben wurde!

Und Moses fährt fort:

»Wenn du deine Ernte auf deinem Feld einbringst und hast eine Garbe auf dem Feld vergessen, sollst du nicht umkehren, um sie zu holen. Für den Fremden, für die Waise und für die Witwe soll sie sein« (Dtn 24, 19).

»Du sollst der Menge nicht folgen zum Bösen, und du sollst bei einem Rechtsstreit nicht antworten, indem du dich nach der Mehrheit richtest und so das Recht beugst« (Ex 23, 2).

Ich vermute, dass Moses, wie alle großen Gesetzgeber, auch an die Organisation der jüdischen Gesellschaft in seinem Land gedacht hatte. In seinem Testament ist übrigens etwas von seiner berechtigten Trauer darüber zu spüren, dass er dies nicht mehr realisieren konnte. Ich möchte die Gesellschaft, die er sich erhofft hatte, als »biblische Demokratie« bezeichnen, und zwar im Unterschied zur »athenischen Demokratie«.

In Athen galt die Gleichheit nur für die Bürger, die ein und derselben Kaste angehörten und sich auf der Agora versammelten, um ihre Meinungsverschiedenheiten zu klären. Die anderen Bewohner, die Metöken, Sklaven und Ausländer, die die Mehrheit der Bevölkerung stellten, waren vom Leben der Polis ausgeschlossen. Platon wollte selbst die Dichter davon fern halten, die er für Lügner hielt!

Die biblische Demokratie hingegen wandte sich an alle. Wie ich bereits betont habe, sind im jüdischen Denken alle Menschen gleich, da sie nach dem Bilde des Ewigen geschaffen wurden. Diese biblische Demokratie stützt sich auf drei Pfeiler: das Politische, das Religiöse und die Zivilgesellschaft. Für das Politische waren die Könige verantwortlich. Für das Religiöse waren Priester zuständig, die aus dem Stamm Levi gewählt wurden – daher ihr Name Leviten; ihr erstes Oberhaupt war Aaron. Auf diese Weise kam es zum ersten Mal in der Geschichte zur Unterscheidung zwischen Staat und Religion.

Was die Zivilgesellschaft betrifft, so waren die Propheten ihr Sprachrohr. Auch hier müssen wir etwas präziser sein: Der Prophet im jüdischen Sinne des Wortes ist nicht etwa, wie man allgemein annimmt, ein »Seher« – das würde auf Hebräisch *rohé* heißen. Der Prophet ist vielmehr der *nawi* – und das bedeutet »der, der spricht«, der »Redner«. Indem er die Empfindungen der Bevölkerung gegenüber den Königen und den Priestern zum Ausdruck brachte, war der Prophet in Wirklichkeit vor allem ein politischer und gesellschaftlicher Führer. Wie Laotse oder Buddha kam auch der Prophet nicht umhin ein Dissident oder Revolutionär zu sein. Denn er sah die Realität und er sagte, was er sah. Er analysierte die Möglichkeit von Veränderungen und verkündete sie. Wie der Prophet Amos in Erinnerung ruft: »Der Löwe hat gebrüllt, wer fürchtet sich da nicht? Der Herr, HERR, hat geredet, wer weissagt da nicht?« (Amos 3, 8).

Dennoch konnte diese »biblische Demokratie« nicht von einem Tag auf den anderen verwirklicht werden. Damit die mosaische Aufteilung der Verantwortlichkeiten umgesetzt werden konnte, war es zunächst – wie bereits im Falle der Freiheit und des Gesetzes – notwendig, dass die Menschen selbst sie wünschten. Von diesem schwierigen Übergang berichtet die Geschichte von Samuel.

Als sich die Hebräer nach Moses' Tod schließlich im Lande Kanaan niederließen und das Gesetz seine ganze Bedeutung erlangte, wurden sie zunächst von Richtern angeführt.

Um das Jahr 1025 vor unserer Zeitrechnung brachte ein außerordentliches Ereignis diese Ordnung ins Wanken.

Die Bibel erzählt:

»Da versammelten sich alle Ältesten von Israel und kamen zu Samuel nach Rama. Und sie sagten zu ihm: Siehe, du bist alt geworden und deine Söhne wandeln nicht in deinen Wegen. Nun setze doch einen König über uns, damit er über uns Richter sei, wie es bei allen Nationen ist! Und das Wort war übel in den Augen Samuels, dass sie sagten: Gib uns einen König, damit er Richter über uns sei! Und Samuel betete zum HERRN. Der HERR aber sprach zu Samuel: Höre auf die Stimme des Volkes in allem, was sie dir sagen! (...) Doch warne sie mit allem Ernst und mach ihnen das Recht des Königs bekannt, der über sie herrschen wird« (1 Sam 8, 4–9).

Nun wandte sich Samuel ans Volk, wie Gott ihm aufgetragen hatte, und sprach:

»Dies wird das Recht des Königs sein, der über euch regieren wird: Eure Söhne wird er nehmen, um sie für seinen Wagen und seine Gespanne einzusetzen, damit sie vor seinem Wagen herlaufen (...), damit sie seine Äcker pflügen und seine Ernte einbringen und damit sie seine Kriegsgeräte und seine Wagengeräte anfertigen. Und eure Töchter wird er zum Salbenmischen, zum Kochen und Backen nehmen. Und eure besten Felder, Weinberge und Olivengärten, die wird er nehmen und sie seinen Knechten geben. Und von euren Kornfeldern und euren Weinbergen wird er den Zehnten nehmen (...) Und eure Knechte und Mägde und eure besten jungen Männer und eure Esel wird er nehmen und sie in seinen Dienst stellen (...), und ihr, ihr müßt seine Knechte sein« (1 Sam 8, 11–17).

Das alles ist, wie mir scheint, noch immer höchst aktuell!

Indem Samuel die profane Gerechtigkeit eines Königs beschreibt – man könnte aber genauso gut an die eines Staates oder eines gewöhnlichen Despotismus denken –, stellt er sie, gleichsam als Echo, der biblischen Gerechtigkeit gegenüber. Und was sagt er? Dass Gerechtigkeit an sich noch kein Ausdruck eines sittlichen Wollens ist, es sei denn, sie gründet sich auf eine Ethik, das heißt auf den Willen, das für den Menschen Gute zu wollen. Als falsche Gesetzespraxis kann sie zum heimtückischsten und wirksamsten Werkzeug der Unterdrückung werden.

Doch »das Volk weigerte sich auf die Stimme Samuels zu hören«, berichtet dieser erstaunliche Text weiter.

Natürlich möchte sich der alte Richter dem immer noch widersetzen. Er hat auch die Mittel dazu. Überraschenderweise aber rät ihm der Herr davon abzusehen: »Höre auf ihre Stimme«, wiederholt Er.

Was nun folgt, ist eine der schönsten Demonstrationen von Freiheit und Demokratie in der Bibel. Samuel fügt sich. Schweren Herzens und gewiss in der Seele getroffen. Dennoch hat er getan, was er konnte. Er hat seine Pflicht erfüllt: Er nannte die Gefahr des Schlechten und die Möglichkeit des Guten beim Namen. Indem er das Volk über die Konsequenzen seiner Entscheidung unterrichtete, hat er ihm die Verantwortung übertragen. Anschließend bleibt ihm nichts mehr übrig, als auf seine Stimme zu hören und sich dem Entschluss der Mehrheit zu beugen ...

Es sei noch einmal daran erinnert, dass dies alles mehr als tausend Jahre vor unserer Zeitrechnung geschah. Zu jener Zeit kannten die Völker der ganzen Welt nur autoritäre Herrschaftsformen. Die Begriffe Gut und Böse waren überall nur der äußerst wandelbare Ausdruck der herrschenden Mächte. Das einzig vorhandene Gesetz war das Gesetz des Stärkeren, das zumeist im Namen der verschiedensten Götter ausgeführt wurde.

Deshalb stellt Samuel, der um die Zukunft fürchtet, ein letztes Mal seine Weisheit unter Beweis. Er gibt den Hebräern den König, den sie fordern – Saul wird sein Name sein. Doch gleichzeitig setzt er etwas ein, was wir heute als eine Gegenmacht bezeichnen würden: Das Volk soll ein Sprachrohr haben – die Propheten. Und die Propheten sollen das Recht haben, den Königen Fragen zu stellen und sie zum Wohle des Volkes zurechtzuweisen.

Wie die Geschichte zeigt, stand der hebräische Staat immer dann in Blüte, solange die Könige akzeptierten, dass die Propheten sie zur Rede stellten, und solange die

Priester auf den Bereich des Spirituellen beschränkt blieben. Sobald der eine in die Vorrechte des anderen eingriff, führte das entstehende Ungleichgewicht in die Katastrophe. Die größte Ausdehnung und Blüte war dem Königreich Israel unter König David beschieden, der sich vom Propheten Nathan öffentlich abkanzeln ließ und sich in aller Öffentlichkeit für die Ungerechtigkeiten entschuldigte, die er begangen habe. Im Gegensatz dazu kam es kurze Zeit nach der Verfolgung des Propheten Jeremia durch Zedekia im Jahre 587 vor unserer Zeitrechnung zur Zerstörung Jerusalems und zum ersten Babylonischen Exil.

Das Ende dieser Institution der so weisen und verehrungswürdigen Propheten sollte durch den Willen einer außergewöhnlichen Gestalt eingeläutet werden: Esra. Dieses Ereignis wird zu einer neuerlichen und wesentlichen Weiterentwicklung des jüdischen Denkens führen. Aus diesem Grund wird Esra die dritte Gestalt unter meinen persönlichen Patronen des Judentums sein.

Ihm habe ich auch ganz persönlich am meisten zu verdanken, dass ich nun diese Zeilen hier schreibe.

Esra

ICH BIN MIR SICHER, dass fast jeder schon einmal diese witzige Bemerkung gehört hat, wonach die Juden in einem scheinbar unendlichen Spiel eine Frage am liebsten mit weiteren Fragen beantworten. Wenn sie nicht gar zu einer endlosen Rede anheben, die uns bis zur Erschaffung der Welt zurückführt und auf den ersten Blick überhaupt nicht mehr auf die gestellte Frage zu antworten scheint!

Das liegt daran, dass dem Judentum zufolge den Menschen bereits von Anfang an alle Weisheit gegeben wurde und sie nun selbst die Antwort auf die Fragen finden sollen, die sie stellen. Falls wir diese alte Weisheit allerdings vergessen haben sollten – und wir haben sie gewiss vergessen! –, dann kann eine gut gestellte Frage sie wieder in Erinnerung rufen. Wenn wir nicht das gesamte Gedächtnis der Geschichte Revue passieren lassen, um den gerissenen Faden des Wissens wieder aufzugreifen.

Mit anderen Worten: Das Judentum betrachtet die *Weitergabe* des Wissens und der dem Menschen in biblischen Zeiten gelehrten Weisheit als wesentlich. Diese von Generation zu Generation weitergegebene Aufgabe der Belehrung trägt zum einen zur jüdischen Identität bei. Gleichzeitig aber wird sie dadurch, dass sie die erste Belehrung über die Weisheit und das Gute wieder aufgreift, auch zu einem Werkzeug im Kampf gegen das Böse.

Diese Bedeutung des Wissens und seiner Weitergabe hat Esra als Erster begriffen – und zwar unter dramatischen Umständen.

Wer aber war dieser Esra, den die Griechen unter dem Namen Esdras erwähnen, und der mir so lieb und teuer ist? Wer war dieser Mann, von dem der Talmud sagt, dass er »es verdient hätte, das Gesetz in Empfang zu nehmen, wenn Moses nicht vor ihm gelebt hätte«?

Folgen wir einfach der jüdischen Tradition: Treiben wir erneut etwas Geschichte und gehen wir bis ins Jahr 597 vor unserer Zeitrechnung zurück.

Beinahe tausend Jahre sind vergangen seit Moses' Tod und mehr als vierhundert Jahre ist es her, dass König David Jerusalem zur Hauptstadt seines Königreichs gemacht hatte. Das Reich Juda war damals zwischen zwei Großmächten eingekeilt: Ägypten im Süden und Babylonien im Norden. Beide strebten nach politischer und wirtschaftlicher Vorherrschaft in der Region.

Ein diplomatischer Fehler sollte *die* Katastrophe auslösen. Entgegen dem Rat des Propheten Jeremia bezieht König Zedekia in Jerusalem eine proägyptische Position. Daraufhin belagert Nebukadnezar, der Herrscher Babyloniens, die Stadt. Jerusalem ist unentrinnbar umzingelt und ergibt sich. Es kommt noch schlimmer: Der von Salomon erbaute und in der Zwischenzeit zum Symbol der jüdischen Unabhängigkeit gewordene Tempel wird geplündert und dem Erdboden gleichgemacht. Um eine einigermaßen friedliche Besetzung Judas und der Stadt sicherzustellen, verschleppt Nebukadnezar einen Großteil der jüdischen Bevölkerung gewaltsam nach Babylonien. Dies ist das erste Exil.

Das Buch der Chroniken berichtet, dass die Verschleppten durch eine Ironie des Schicksals im Norden Babyloniens angesiedelt wurden, in eben jener Region zwischen den Flüssen Euphrat und Tigris, von wo aus sechzehn Jahrhunderte zuvor die Sippe Abrahams ihren langen Weg in den Süden, in Richtung Kanaan begonnen hatte.

Zugleich Baumeister und zum Frondienst verpflichtete Arbeitskräfte, wurde ein Großteil der verschleppten Juden auf den riesigen Baustellen Babyloniens eingesetzt. Während wir uns immer noch sehr stark für die ägyptischen Pyramiden interessieren (die ebenfalls dank der Arbeit jüdischer Sklaven errichtet wurden), haben wir den Glanz der Bauten Babylons vergessen, die mit dem Schweiß und der Geschicklichkeit der verschleppten Juden erbaut wurden. Um sich von der Qualität ihrer Arbeit zu überzeugen, braucht man sich nur einmal das vierzig Meter hohe Ischtar-Tor anzuschauen, das Nebukadnezar vor dem gleichnamigen Tempel errichten ließ und das heute im Pergamon-Museum in Berlin zu sehen ist.

Zu jener Zeit besaßen die Juden bereits eine reiche Geschichte. Sie waren zunächst Nomaden, sind dann sesshaft geworden, wurden später zu Sklaven und anschließend zu Rebellen, bevor sie schließlich ein freies und unabhängiges Volk bildeten, das über sein eigenes Land, seine Institutionen, Regeln und Gesetze verfügte. Nach einer so langen Entwicklung schufen das Exil und vor allem die Zerstreuung eine völlig neue Situation.

Angesichts der tödlichen Bedrohung der Auflösung, die diese Zersplitterung beinhaltete, war es absolut vorrangig, das zu bewahren, was die Identität des jüdischen Volkes ausmacht: die Kenntnis, Weitergabe und Achtung des Gesetzes. Hier entstanden denn auch die Grundlagen des Diaspora-Judentums: die Einbindung in die Wirtschaft und die Kultur der jeweiligen Umgebung bei gleichzeitiger Organisation eines Gemeinschaftslebens und Aufrechterhaltung des Traums von einer Rückkehr, wie ihn der berühmte Psalm 137 illustriert: »An den Strömen Babels, / da saßen wir und weinten, / wenn wir an Zion dachten (...) Wenn ich dich vergesse, Jerusalem, / so verdorre meine Rechte.«

Die Sklaverei erzeugt den Wunsch nach Befreiung; das Exil erweckt den Traum einer Erlösung. Innerhalb der jüdischen Gemeinschaft Babyloniens entstand so der Gedanke eines Retters der Menschheit: des Messias. Dieser Gedanke wurde sechs Jahrhunderte später von den Christen wieder aufgegriffen. Innerhalb derselben jüdischen Gemeinschaft Babyloniens kam erstmals auch der Mythos vom Engel Gabriel auf, der dann im siebten Jahrhundert unserer Zeitrechnung vom Islam aufgegriffen wurde.

Etwas mehr als eine Generation lang mussten die Juden das Exil in Babylonien ertragen, voller Hoffnung auf eine Rückkehr, aber auch in treuer Einhaltung des Gesetzes, was ihre Kraft und ihren Zusammenhalt stärkte.

Im Jahre 539 vor unserer Zeitrechnung trat im Orient eine neue Macht auf den Plan: Persien. Sein König namens Kyros eroberte Babylonien, Sumer und Akkad.

Bald war auch Juda in seinem Besitz. Kyros aber hatte keinen Grund, die historischen Vorbehalte der Babylonier gegen die Juden zu teilen. Im Gegenteil, er stand »dem Volk des Gesetzes des Mose« wohlwollend gegenüber. Auf eine Bitte der Verschleppten hin verkündete er rasch einen Erlass, der den Juden Babyloniens die Rückkehr nach Juda erlaubt: »So spricht Kyrus, der König von Persien: Alle Königreiche der Erde hat der HERR, der Gott des Himmels, mir gegeben. Nun hat er selbst mir den Auftrag gegeben, ihm in Jerusalem, das in Juda ist, ein Haus zu bauen. Wer immer unter euch aus seinem Volk ist, mit dem sei sein Gott, und er ziehe hinauf nach Jerusalem, das in Juda ist, und baue das Haus des HERRN, des Gottes Israels! Er ist der Gott, der in Jerusalem ist!« (Esra 1, 2–3).

Wie es aber oft geschieht, wenn man Wünsche für unerfüllbar hält, so hatten es auch die Juden Babyloniens nicht allzu eilig mit der Rückkehr nach Jerusalem. Mehr als ein halbes Jahrhundert Exil, die zunächst wirtschaftliche, dann auch gesellschaftliche Integration dank der durch die Perser gewährten Bürgerrechte, hatten den Wunsch nach einer Rückkehr ziemlich gedämpft. Zu allem Überfluss kamen in Babylonien auch noch Nachrichten in Umlauf, wie verfallen Jerusalem sei, das vor so langer Zeit verlassen worden war und sich zudem gar vom Gesetz entfernt zu haben schien.

Die Zeit verging, ohne dass die Rückkehr, die einige Jahrzehnte zuvor noch so herbeigesehnt worden war, wirklich vollzogen wurde. In Opposition zu dieser gefährlichen Trägheit entstand damals eine Art zionistischer Bewegung, die versuchte die Unentschlossenen aufzurütteln und möglichst viele von ihnen zum Aufbruch in die alte Heimat zu bewegen.

Erst ein Jahr nach der Verkündung des Erlasses des Kyros machten sich schließlich etwa 49 000 Menschen, das heißt weniger als zehn Prozent der jüdischen Bevölkerung Babyloniens, auf den Weg nach Jerusalem. Zwei Männer an ihrer Spitze, die aufgrund ihrer Herkunft erwählt wurden, verkörperten in den Augen der Perser die Legitimität dieser Rückkehrbewegung. Der eine war Serrubabel, der Enkel eines Königs von Juda, der andere Josua, der Enkel eines Hohen Priesters von Jerusalem.

Nach ihrer Ankunft beginnt diese kleine Gruppe mit dem schwierigen Wiederaufbau der Stadt und ihres Tempels. Die Schwierigkeiten häufen sich, zum einen, weil die Mittel fehlen, vor allem aber auch aus mangelndem Enthusiasmus. Ganz offensichtlich haben sich die während der Verbannung in Jerusalem verbliebenen Juden derart weit vom Glauben und der Erfüllung des Gesetzes entfernt, dass die kleine Zahl der Zurückgekehrten Mühe hat, die frühere Begeisterung neu zu entfachen.

Dazu kommt, dass Religion und Königtum in Juda nie gut miteinander auskamen. Alte Streitigkeiten zwischen der Priesterschicht und der politischen Macht werden neu belebt. Der Wiederaufbau des Tempels zieht sich endlos hin ...

In diesem Moment tritt Esra in Erscheinung.

Wir wissen wenig über sein Leben, nicht einmal seinen Geburtsort kennen wir. Dagegen wissen wir, dass er

Beamter der persischen Verwaltung in Mesopotamien war.

Nach einer Reihe von Geheimverhandlungen wird Esra eine bedeutende Aufgabe übertragen, die in einem königlichen Erlass, einem *firman*, wie folgt beschrieben wird: »Artaxerxes, der König der Könige, an Esra, den Priester, den Beauftragten für das Gesetz des Gottes des Himmels, vollkommenes Heil! Und nun: Von mir wird hiermit Befehl gegeben, dass jeder in meinem Reich vom Volk Israel, seinen Priestern und den Leviten, der gewillt ist nach Jerusalem zu ziehen, mit dir ziehen darf, weil du von Seiten des Königs und seiner sieben Räte gesandt bist, um eine Untersuchung über Juda und Jerusalem anzustellen nach dem Gesetz deines Gottes, das in deiner Hand ist« (Esra 7, 12–14).

Bei dieser Gelegenheit erfahren wir, dass der gesamte Text des Gesetzes Mose, den man seit Jahrhunderten verschollen glaubte, im Exil erhalten geblieben ist. Nun hielt ihn jener Mann in Händen, den der persische König mit dem Wiederaufbau Jerusalems beauftragt hatte.

Wir befinden uns nun im Jahre 458 vor unserer Zeitrechnung, das heißt bereits zwei Generationen nach der ersten Rückkehr der babylonischen Juden, von denen übrigens viele gar nicht in Jerusalem geblieben sind.

Was Esra bei seiner Ankunft in Juda entdeckt, stürzt ihn in Verzweiflung. Der »Verfall der Kultur« gleicht dem der Städte und Dörfer. Nachdem er zunächst seinem Zorn freien Lauf gelassen hatte, versuchte er anschließend so schnell wie möglich die richtigen Lehren daraus zu ziehen. Und hierbei hatte Esra geniale Einfälle.

Er begreift folgenden Zusammenhang: Wenn das jüdische Volk das Exil und den Verlust des Tempels überlebt hat, ohne dabei seine Identität und seine Glaubenskraft verloren zu haben, dann kann der Tempel allein, so bedeutend er auch gewesen sein mag, nicht der Garant für das Überleben des Judentums und den Fortbestand des Gesetzes sein. Die Juden Babyloniens waren dadurch gerettet worden, dass sie eine ununterbrochene Beziehung zu den Texten unterhielten. Die Juden Jerusalems hingegen waren gerade durch das Fehlen einer solchen Beziehung verloren gegangen.

Alsbald trifft Esra zwei Entscheidungen. Der neue Tempel wird viel bescheidener ausfallen als sein Vorgänger und es wird keine Monarchie mehr errichtet werden. Eine *Knesset hagedola* – eine »Große Versammlung« der Weisen, die Vorgängerin des zweihundert Jahre jüngeren *Sanhedrin* – wird an die Stelle der Macht einer einzelnen Person treten. Vor allem aber führt Esra, um den Bau des neuen Staates zu vollenden, jenes Bindemittel ein, das allein in der Lage ist, dessen Strukturen zu festigen: das Studium des Gesetzes.

Um diese erste große kulturelle Transformation in der Geschichte zu bewerkstelligen und ohne Gewaltanwendung zum Erfolg zu führen, behält Esra den ortsgebundenen Tempelkult bei. Er stellt ihm aber ein zweites Ritual zur Seite, das zu jeder Zeit und an jedem Ort vollzogen werden kann: die öffentliche und für jede Gemeinschaft obligatorische Lektüre der Bücher Mose.

Diese so simpel erscheinende Maßnahme wird die Geschichte der Juden von Grund auf verwandeln und zeichnet ihnen eine Zukunft vor, in der wir heute noch leben. Der Opferkult, das ferne Echo götzendienerischer Praktiken, verschwindet endgültig hinter der Kenntnis und Achtung der Texte, die ein ganzes Volk in Leser und Schriftgelehrte verwandeln. Die Priester sind nicht mehr die ausschließlichen Hüter des Gesetzes. Die Juden, alle zusammen, werden zum Volk des Buches.

Im Einklang mit seiner Betonung des Lernens und Vermittelns wird Esra bald auch das Prophetentum für unnütz erklären. Diese Entscheidung könnte uns überraschen. Warum sollte man diese Einrichtung auflösen, in der doch der Glaube, die Intelligenz und die Weisheit eines Jeremia, eines Jesaja oder eines Ezechiel erblühen konnten? Doch Esra ist ein Mann der Zukunft. Er weiß, dass die Funktion der Propheten als Träger des Wissens und Verteidiger des Volkes von dem Moment an verschwinden wird, da jeder sein eigener Prophet werden und selbst die volle Verantwortung für seine Entscheidungen übernehmen kann. Es besteht kein Bedarf mehr für ein Sprachrohr oder einen Wortführer. Keine Notwendigkeit mehr, die eigenen Klagen zu delegieren. Jeder spricht in seinem eigenen Namen. Das Wissen demokratisierte sich, und diese Demokratisierung des Wissens hatte zugleich den Vorteil, den immer stärker um sich greifenden falschen Propheten das Wasser abzugraben.

Die Reformen Esras erscheinen mir nicht nur als eine entscheidende Etappe in der Entwicklung des Judentums, sondern auch als eine zweite Geburt der Bibel.

Denn nie zuvor besaß das BUCH so große Bedeutung. Das wird Geschichten hervorbringen, von denen eine schöner ist als die andere. Gemäß der *gematria* – das ist, wie bereits gesagt, die Wissenschaft von der Entsprechung zwischen den hebräischen Wörtern und den Zahlen – entspricht das Wort *sefer*, Buch, der Zahl 340. Wenn man nun alle Wörter im Wörterbuch der hebräischen Sprache untersucht, dann wird man ein Einziges finden, das denselben Zahlenwert hat: *chem*, der Name.

Die Exegeten zogen daraus sogleich einen Schluss: Hinter jedem Buch steht ein Name, eine Person. Ein Buch zu vernichten, bedeutet in diesem Falle, ein Menschenleben zu vernichten. Daher müssen Juden alle Bücher aufheben, selbst wenn sie schon abgenutzt, von Nässe angegriffen oder bereits zerfallen sind. Wenn ein Buch wirklich nicht mehr zu benützen ist, vergräbt man es und spricht ein Gebet, wie man es auch für einen Menschen tun würde.

Diese Liebe zu Texten zieht auch die Liebe zum Wissen, zum Gedächtnis, zum Denken und schließlich die Freiheitsliebe nach sich. Die Geschichte hat uns seither unablässig daran erinnert. Sobald eine Macht gegen die Bücher vorging, waren auch die Freiheit und das Wesen des Menschen in Gefahr.

1938, nach der so genannten Reichskristallnacht, in deren Verlauf die Nazis Tausende jüdischer oder »verjudeter« Bücher verbrannten, fragten Journalisten Sigmund Freud, den Vater der Psychoanalyse, der Wien endgültig verlassen hatte und nach Großbritannien geflohen war: »Die Deutschen verbrennen Ihre Bücher.

Was werden sie anschließend tun?« Er antwortete: »Nach den Büchern werden sie die Menschen verbrennen.«

Einmal mehr wiederholte die Geschichte ihre harte Lektion.

Kurzum: Indem Esra die Juden im Buch verankerte, legte er den Grundstein zu dem, was Freud später »das unsichtbare Gebäude« des Judentums nennen wird.

Im Vertrauen auf diese Lehre vermochte sechs Jahrhunderte später Jochanan ben Sakkaj, der geistliche Führer des Aufstands der Jerusalemer Juden gegen Rom im Jahre 70, das Wesentliche zu retten.

Während das Gebäude aus Stein und Holz unter dem Ansturm der römischen Legionen in sich zusammenstürzte, verließ er die Stadt. Er verhandelte mit Titus und erhielt die Erlaubnis, in Jabne, einem kleinen, am Mittelmeer gelegenen Fischerdorf, ein Lehrhaus für ungefähr hundert Schüler zu gründen.

Gewiss ist dem Römer nie klar geworden, welche Folgen seine Entscheidung hatte. Die Art Universität, die Jochanan ben Sakkaj vorschwebte, sollte auf eine ganz besondere Art und Weise funktionieren. Jeder Schüler sollte, sobald er genügend gelernt hatte, hundert weitere Schüler in seine Obhut nehmen, die dann ihrerseits wieder hundert weitere Schüler unterrichten sollten, und so fort ... Ein weiteres Mal fanden die aus ihrer Heimat vertriebenen und über das ganze Römische Reich verstreuten Juden auf diese Weise ein Mittel, das Judentum zu erhalten. In einer feindlichen Welt, in der sie vom öffentlichen Leben ausgeschlossen waren, wurde die Weitergabe des Wissens und der Weisheit des

Gesetzes für sie zu einer höheren Form des Widerstands und des Handelns.

»Perser, Griechen und Römer sind vom Erdboden verschwunden«, lautet die schlichte Feststellung des französischen Romantikers Chateaubriand.* Und er wundert sich: »Ein kleines Volk aber, dessen Ursprung vor dem der genannten großen Völker liegt, existiert immer noch ...« Für alle Kulturen gilt nämlich, dass die Zerstörung ihres Heiligtums in der Regel das Verschwinden der ganzen Kultur nach sich zog. Wenn dem Judentum ein anderes Schicksal beschieden war, dann deshalb, weil, wie Freud an seine Frau Martha schrieb, das materielle Gebäude für die Juden nur den sichtbaren Tempel darstelle, der einen viel größeren und unzerstörbaren unsichtbaren Tempel verberge. Chateaubriand spricht von einem »Wunder«. Ohne es zu wissen, liefert er aber bereits eine Erklärung für dieses Wunder: »Wenn Sie die Wohnstätten dieses Volkes betreten«, so schrieb er, »werden Sie es in der bittersten Armut leben sehen, damit beschäftigt, Kinder ein geheimnisvolles Buch lesen zu lehren, die es dann ihre Kinder lesen lehren werden. Was dieses Volk fünftausend Jahre lang tat, das tut es auch heute noch.« Freud schlussfolgerte: »Fortan war es die Heilige Schrift und die geistige Bemühung um sie, die das versprengte Volk zusammenhielt.«**

---

* François René de Chateaubriand, Itinéraire de Paris à Jérusalem (1811) (A. d. Ü.).

** Sigmund Freud, *Der Mann Moses und die monotheistische Religion*, in: *Studienausgabe*, Band IX, Frankfurt am Main: Fischer 2000, S. 561 (A. d. Ü.).

Und wie sollte nun ich, der ich Sohn, Enkel und Nachkomme ganzer Generationen von Druckern bin, nicht fasziniert sein von einem solchen Eifer für alles, was seit Urzeiten geschrieben, gedruckt, überliefert und gelesen wurde?

Lernen

AUF DIESE WEISE also hat Esra aus den Juden das Volk des Buches gemacht. Als die Exile sich mehrten und sich auch immer weiter vom Land Israel entfernten, als es keine realen Felder mehr zu beackern gab, machten es sich die Juden zur Aufgabe, das Feld der Sprache zu bestellen. Jedes Wort wurde zu einem Samenkorn, jeder Text zu einem Garten, den es zu bearbeiten gilt.

Dennoch wundern sich die meisten meiner Freunde auch heute noch aus reiner Unkenntnis der Geschichte über die enge Verbundenheit der Juden mit dem Wort und seiner eigentümlichen Macht sowie über ihre Leidenschaft für seine Weitergabe. War die Institutionalisierung des Studiums der Schriften auch ein Werk Esras, so reicht diese privilegierte Beziehung zu Worten und Texten in Wahrheit noch viel weiter zurück. »Denn an Liebe habe ich Gefallen, nicht an Schlachtopfern, an der Erkenntnis Gottes mehr als an Brandopfern«, heißt es beim Propheten Hosea 780 vor unserer Zeitrechnung: »Nehmt Worte mit euch und kehrt zum HERRN um« (Hos 6, 6 und 14, 3).

Jahrtausendelang stand traditionell nur dem unter der Aufsicht – einige sagen: unter dem Diktat – des Ewigen verfassten Text Mose das Recht zu, ein Buch zu sein. Daher entwickelte sich parallel zur sorgfältigen Abschrift der Tora durch die Schriftgelehrten eine nicht-schriftliche Tradition. Die Juden lernten neue Regeln und deren Kommentare auswendig und gaben sie vom Vater zu den Söhnen weiter.

Das änderte sich, als im Jahre 135 unserer Zeitrechnung der letzte jüdische Aufstand gegen Rom und seine Götter scheiterte. Kaiser Hadrian verzieh es diesem rebellischen Volk nicht, ihn in einen Krieg verwickelt zu haben. Um es radikal zu bestrafen, beschloss er es einschließlich seines Namens von der Landkarte zu tilgen: Jerusalem wurde zu Aelia Capitolina und Judäa wurde wieder in Palästina rückbenannt.

Angesichts dieser Raserei hatten die Weisen Israels die Befürchtung, dass nun auch jene Schätze aus Worten, Reflexionen und Regeln verschwinden würden, deren Hüter sie waren. Sie beschlossen also sie in aller Eile aufzuschreiben und in einem Buch aufzubewahren. Zweihundertsechzig Schriftgelehrte aus den Akademien von Tiberias und Safed machten sich eifrig an die Arbeit, an deren Ende die *Mischna* stand, die »Wiederholung«.

In den folgenden Jahrhunderten war dann die *Mischna* ihrerseits Gegenstand zahlreicher Kommentare und Überlegungen, die bei ihrer Lektüre entstanden. Daraus sollte ein weiteres Werk hervorgehen: die *Gemara*, das heißt die »Vollendung, Vervollständigung«. Die Vereinigung dieser beiden Bücher wird im Jahre 425 unserer Zeitrechnung schließlich den Talmud ergeben.

Das Wort »Talmud«, das viele gewiss schon öfters gehört haben, bedeutet ganz einfach »Lehre« oder »Lernen«.

Das Gefühl der Bedrängnis, das sich zu Hadrians Zeiten der Weisen Jerusalems bemächtigt hatte, wurde jedoch auch weit jenseits der Grenzen Judäas verspürt; die gesamte Diaspora war davon betroffen. Die Akademien Babyloniens, wo sich die aus dem ersten Exil hervorgegangene jüdische Gemeinschaft inzwischen weiterentwickelt und entfaltet hatte, machten sich ebenfalls ans Werk. Auf diese Weise entstand dreihundert Jahre nach dem Jerusalemer ein zweiter Talmud, der so genannte »Babylonische Talmud«. Alles in allem betrachtet, handelt es sich hierbei um ein außerordentliches geistliches, intellektuelles, historisches und literarisches Denkmal mit einem Umfang von mehr als sechstausend Seiten, das in sämtlichen über den ganzen Erdkreis verstreuten jüdischen Gemeinschaften Verbreitung fand.

Zehn Jahrhunderte nach der von Esra gewünschten Umwandlung des mündlich überlieferten Judentums wird die neue jüdische Identität im eigenartigsten Schriftgebäude ihren Ausdruck finden, das je von Menschen hervorgebracht wurde.

Selbstverständlich konnte auch die Abfassung des Talmud den Wissensdurst, das Bedürfnis nach Verständnis und Erforschung des Menschen sowie seiner Beziehung zu Gott und zur Welt nicht endgültig stillen, das von nun an die jüdische Kultur definierte. So erhielten noch zwei weitere Werkreihen ihren Platz: der *Midrasch*, der »Kommentar«, und die *Kabbala*, die »Überlieferung«, die man als inneres und mystisches Antlitz des Judentums bezeichnen könnte.

Als eine Mischung aus Regeln, Vorschriften, Legenden und allegorischen Erzählungen präsentiert sich der Talmud weniger als Gesetzeskodex für praktische Alltagsentscheidungen, sondern vielmehr als enzyklopädische Zusammenfassung oftmals widersprüchlicher Diskussionen über die verschiedensten Themen: Astronomie, Anatomie, Psychologie, Medizin ... Daher bildete er zur Zeit Rabelais' einen integralen Bestandteil der medizinischen Ausbildung an der Universität von Montpellier. Und das ist auch der Grund, warum der Vater *Gargantuas* und *Pantagruels* so gut Hebräisch konnte.

Als nicht von Moses aufgeschriebenes Wort Gottes bildet der Talmud heute immer noch die normative Grundlage aller Entscheidungen bezüglich der religiösen Praxis des rabbinischen Judentums. Religiöse Juden halten sich folglich strikt an seine 613 Vorschriften.

Nicht-religiöse Juden – und Nicht-Juden, die im Laufe der Jahrhunderte ein unleugbares Interesse für den Talmud zeigten – sind dagegen vor allem von der intellektuellen Tragweite dieses außergewöhnlichen Buches fasziniert.

Insbesondere der Midrasch operiert mit Hilfe einer regelrechten Mechanik der buchstäblichen Interpretation der biblischen Texte und ihrer Kommentare. Diese Interpretation ruft weitere hervor, die dann in einer lebendigen, immer offeneren und unabschließbaren Bewegung ihrerseits wiederum neue Interpretationen hervorrufen werden. Wie Rabbi Nehemia im Talmud betont: »Wenn die Worte der Tora an einer bestimmten Stelle armselig erscheinen, so sind sie an einer anderen Stelle reich.« Es ist genau diese beständig erneuerte und jeden Buchstaben beachtende Erforschung des Textes, die Freud später als »den jüdischen Geist« bezeichnen wird.

Erst relativ spät und auch nur zum Teil übersetzt, blieb der Talmud jahrhundertelang für viele das »unheilvolle Geheimnis« der Juden. Man konnte diesen Wissensdurst, dieses unentwegte Studium der durch das Wort geschaffenen Welt nicht verstehen – und so machten sie Angst. Diese Angst wurde natürlich von politischen wie religiösen Kräften geschürt und je nachdem, wie diese sie für ihre fremdenfeindlichen Zwecke gebrauchen konnten, instrumentalisiert. Es gibt wenig Bücher, die dermaßen verfolgt und derart häufig verbrannt wurden.

Trotz alledem hat der Talmud überlebt und wird weiterhin durch neue Kommentare bereichert. Dafür kann man einigen heroischen Gestalten danken, wie zum Beispiel einem der ersten nicht-jüdischen Drucker Venedigs, Daniel Bomberg, der den Talmud im Jahre 1520 in einigen hundert Exemplaren druckte und somit seine Verbreitung in Europa ermöglichte. Dieser Widerstand gegen alle Vernichtungsbestrebungen zeugt aber vor allem von der Opferbereitschaft der einfachen Juden, die im Talmud eine lebensnotwendige Verankerung in der Sprache fanden und ihn, meines Wissens nach, zum einzigen Buch machten, das nie zu Ende ist.

Im Traktat »Väter« heißt es: »Mose empfing die Weisung vom Sinai und überlieferte sie Josua und Josua den Ältesten und die Ältesten den Propheten, und die Propheten überlieferten sie den Männern der Großen Versamm-

lung. Diese sagten drei Worte: ›Seid mäßig beim Richten! und: Stellet viele Schüler auf! und: Machet einen
Zaun um die Weisung!‹« (*Awot*, I, 1).

Das Genie Esras sowie das Genie derer, die seinen
Weg fortführten, bestand nun eben in der Erkenntnis,
dass es nicht genügt, die menschliche Weisheit in Büchern zu sammeln. Natürlich muss man lernen, gleichzeitig aber und ebenso beharrlich muss man das Gelernte
weitergeben, es *überliefern*.

Um aber etwas weiterzugeben, muss man stets mit
dem Wissen in Kontakt bleiben. Diese Ausdauer im Lernen wird als solche zu einem Mittel der Überlieferung.
»Ein Mensch«, heißt es im Jerusalemer Talmud, »soll immer lernen, selbst wenn er vergisst, was er liest, selbst
wenn er nicht versteht« (Traktat *Megilla*). Mit anderen
Worten: Wer überliefert, lernt, wer lernt, überliefert.
Die beiden Tätigkeiten sind untrennbar miteinander
verbunden, beide zusammen bilden das Volk des Buches, das Volk der Fragen und der Erinnerung, das Volk
des Gesetzes und der Antworten. In der subtilen Dialek-
tik des Lernens sah Esra die einzige Möglichkeit, ein soziales Band wiederherzustellen, das durch die Trennung
der Individuen zerstört worden war. Mehr noch: Er
machte es zu einer höheren Form politischen Handelns,
die in der Lage ist, die verschiedenen Tendenzen innerhalb der Gemeinschaft zu vereinen. Diese mit Einfachheit gepaarte Wohldurchdachtheit lässt mich immer
wieder aufs Neue erstaunen und bewundern ...

Noch heute wird die Einheit des jüdischen Volkes (im
weitesten Sinne des Wortes) vor allem durch die Gegenwart der Texte und die Beziehung der Menschen zu

ihnen (so schwankend sie auch immer sein mag) hergestellt und aufrechterhalten.

Die religiösen Juden glauben, dass das Wort des Ewigen das ursprüngliche Wort ist und dass die von Moses
in die steinernen Tafeln geschriebenen Texte von Ihm
diktiert wurden. Der Versuch, ihren – womöglich
mehrfachen – Sinn vollkommen zu erfassen, das Nicht-
Gesagte zu entschlüsseln und dessen Schweigen zu verstehen, das ist für sie der sicherste Weg zu Gott.

Der nicht-religiöse Jude hingegen hat die tiefe Beziehung zu jenem Text, aus dem der religiöse Jude unablässig schöpft, verloren. Dennoch hat er gewisse Praktiken und Gebräuche durchaus beibehalten. In seinem
Alltags- und Gefühlsleben legt er eine Kunst des Lesens,
eine besondere Aufmerksamkeit auf das Wort, auf alles
Geschriebene an den Tag, die dem Denken eine ganz
charakteristische Wendung gibt, die manche als spezifisch jüdisch bezeichnen – man könnte dabei an die
Filme Woody Allens denken, in denen diese Denkweise
in humoristischer Form zum Ausdruck kommt. Auch in
Witzen macht man sich über dieses merkwürdige Erfor-
schen der Buchstäblichkeit des Textes, diese eigenartige
Suche nach einem zu bedenkenden Prä-Text, lustig. Ich
selbst hingegen bin davon hingerissen.

Eine Reflexion gleicht der Bearbeitung eines Materi-
als, das weich und widerspenstig zugleich ist. Das erfordert ein permanentes Bemühen, einen Dialog mit dem
Anderen. »Verschaffe dir einen Meister und erwirb dir
einen (Lern-)Gefährten«, heißt es im Traktat »Väter«
(*Awot*, I, 6). Wir errichten unser geistiges Leben in Zu-
sammenarbeit mit unseren Mitmenschen. Es ist eine

schöne Notwendigkeit, dass jede Überlegung, dass jeder Gedanke mit Hilfe der Überlegung und des Denkens des Anderen formuliert und belebt wird. Das verpflichtet uns dazu, uns für die Gemeinschaft zu interessieren, uns der Welt zu öffnen und auf die Stimme des Anderen zu hören.

Doch sollten wir keineswegs die Augen verschließen. Wir wissen sehr gut, dass es um das Gemeinschaftsleben, das Mitteilen von Gedanken oder das Zusammenleben von Kulturen nicht immer so rosig steht. Das Leben der Gedanken droht sich allzu oft in einen Konflikt zu verwandeln, dessen letztes Stadium die Zurückweisung bildet. Dann muss man zur Quelle des lebendigen Denkens zurückgehen, um sein Ziel und seine Funktion im Geiste des Gesetzes wiederzufinden, das stets nach der Einheit strebt. Mit anderen Worten: Im Geiste des Judentums sind das Studium der Texte und die Entwicklung des Denkens die unerlässlichen Stützen des Menschen und bereichern seine Identität. Studium und Denken sind aber nur dann fruchtbar, wenn sie nach mehr Einheit, nach mehr Gemeinschaft, nach mehr Menschlichkeit streben.

Ich finde diese Zirkelbewegung, die allerdings nie zum selben Punkt zurückkehrt und stets in Bewegung ist – aufgrund neuer Gedanken, neuer Begegnungen, neuer Weisheitserfahrungen –, überaus aufregend.

Ein anderes häufig anzutreffendes Bild: der in seinen verstaubten Lektüren und seiner Forschung vertiefte jüdische Gelehrte, der sich in einer Welt der Worte verliert und sich aus unserer Realität ausschließt. Dieses Bild würde sich aber mit dem äußeren Schein zufrieden geben und kaum verständlich machen, was die Lektüre – man könnte auch sagen: das Lernen – auch der ältesten Texte für einen Juden in seiner ganzen Tiefe bedeutet. Die Beziehung, die er zu den Texten unterhält, das Nachdenken, die Weisheit und die Erfahrungen, die in ihnen verborgen sind, können nicht nur von einem bloßen Willen zum Wissen oder einer ebenso ziel- wie zweckfreien Theorie herrühren. Dem Geist des Judentums entsprechend ist die Lektüre eine praktische Übung unseres Weltverständnisses: zum besseren Verständnis der vergangenen, doch auch und vor allem der gegenwärtigen Welt mit ihrer undurchsichtigen Gewalt, ihren beständigen Prüfungen. Die Lektüre muss immer wieder die Verbindung zum Leben suchen. Dazu möchte ich nun ein Beispiel erzählen.

Ein Satz Rabbi Chanochs lautet: »Das eigentliche Exil Israels in Ägypten war, dass sie es ertragen gelernt hatten.«[*] Was bedeutet diese Behauptung? Dass sich die Exilierten unterworfen, dass sie das ihnen auferlegte Joch akzeptiert und so Schuld auf sich geladen haben, indem sie die ihnen von Gott anvertraute Freiheit nicht verteidigten. Es ist natürlich notwendig, dass man sich von der Sklaverei befreien muss. Doch nicht nur deshalb, weil die Sklaverei dem Menschen Schmerz zufügt; man muss sich von ihr frei machen, weil sie dem Gesetz entgegensteht: In ihr kommt das Böse zum Ausdruck. Sie ertragen lernen, bedeutet, damit einverstanden zu

---

[*] Martin Buber, *Die Erzählungen der Chassidim*, Zürich: Manesse 1987, S. 838 (A. d. Ü.).

sein, das Böse *in sich* aufzunehmen auf die Gefahr hin, es seinerseits zu reproduzieren.

Mit anderen Worten: Es genügt nicht, die um den Fuß gelegten Ketten zu sprengen und sich so – wenn auch in die Ferne, in die Wüste – zu retten. Nur wenn man sich des Bösen bewusst ist, das durch die Sklaverei – wie eine Infektion – übertragen wird, besteht die Garantie, dass sich der Sklave von der Macht des Bösen befreit hat. Dass er ein freier Mensch wird, der von *jeglicher* Sklaverei frei ist.

Wir können den Satz Rabbi Chanochs auch heranziehen, um die jüngsten Ereignisse im Iran zu verstehen. Nach einer langen monarchischen Diktatur führt Imam Khomeini das Volk auf den Weg der Revolte und befreit es vom Schah. Bald aber ist zu beobachten, wie sich dieses befreite Volk mit erstaunlicher Energie in einer neuen Unterdrückung einrichtet, die mindestens genauso hart und unmenschlich ist wie die vorherige.

Was ist geschehen?

Allem Anschein nach war sich das iranische Volk vor seiner Befreiung seiner Unterdrückung nicht bewusst. Es fehlte nicht nur das Bewusstsein für die Gründe der Unterdrückung selbst, sondern auch das für die Gründe ihrer *Akzeptanz*. Und folglich auch das Bewusstsein dafür, diese Unterdrückung nicht endlos zu reproduzieren, indem man nur die harte Hand des Unterdrückers wechselt.

Den ursprünglichen Text weiterzugeben und zu interpretieren, darin besteht die Arbeit des Kommentators.

Die Erinnerung und das Gedächtnis zu pflegen und sie mit den Fakten des Lebens zu nähren (von den außerordentlichsten bis hin zu den elementarsten), das war und bleibt die grundsätzliche Aufgabe eines Volkes, das als Erstes begriffen hat, dass der Mensch in die Geschichte hineingestellt wurde.

Gibt es denn eine vornehmere Beschäftigung, als zu versuchen, zunächst den Text und anschließend die Texte über den Text besser zu verstehen, sie zu untersuchen, zu entschlüsseln, zu kommentieren? Diese doppelte Bewegung, die sowohl in die Tiefe als auch ans Licht des Lebens führt, zeichnet den spezifisch jüdischen Leser aus. Vom ersten Text an hat sie unaufhörlich unsere Bibliotheken mit hervorragenden Werken bereichert, die bis in die Gegenwart hinein sowohl das jüdische Denken wie auch das der gesamten Menschheit beleben.

Als Joseph Hacohen, ein jüdischer Arzt aus Avignon, im Jahre 1575 die Arbeit an seinem Werk *Das Tal der Tränen*, einer Chronik der Leiden Israels von der Zerstreuung bis ins 16. Jahrhundert, vollendet, greift ein anderer, diesmal anonymer, Zeuge zur Feder, um dieses Werk fortzuführen. In der Einleitung schreibt er folgenden erschütternden Satz: »Ich habe beschlossen in diesem Werk all das festzuhalten, was den Juden geschehen ist, seit jener andere Joseph seine Chronik beendet hat, um das Gebot zu erfüllen: ›damit du es den Ohren deines Sohnes und deines Enkels erzählst‹.«

Stets dieselbe Sorge: weiterzugeben, mitzuteilen, und – zu guter Letzt: zu lernen!

Der deutsch-jüdische Dichter Heinrich Heine nannte

dies »die aus dem Niltal mitgeschleppte Plage«.* Ich für mein Teil werde das schlicht und einfach als »das subversive Denken« bezeichnen.

Kaum aus der Sklaverei befreit, führt der Jude mit seinen Texten die Idee der allgemeinen Befreiung ein. Nur als Jude aber kann er für diese Befreiung kämpfen. Verliert er sein Gedächtnis, dann verliert er den Wunsch nach Befreiung. Verliert er den Wunsch nach Befreiung, so hört er auf Jude zu sein. Man begreift nun viel besser, warum die Juden für totalitäre Systeme stets eine Gefahr darstellen und warum diese ausnahmslos versuchen sie zu vernichten.

Aus diesem Grund möchte ich nun über den Sinn der Erinnerung und des Gedächtnisses sprechen, die im Judentum so stark und so unerlässlich sind.

Um die Überlieferung zu gewährleisten, überlebt das Buch dank des Gedächtnisses, selbst wenn es verboten oder verbrannt wird. Dann verwandelt sich – ähnlich wie es im Roman *Fahrenheit 451* von Ray Bradbury beschrieben wird – jeder Jude in ein Buch.

---

* Heinrich Heine, *Das neue Israelitische Hospital zu Hamburg*; in: Sämtliche Schriften, Bd. IV, München: Hanser Verlag 1971 (zitiert von S. Freud in: *Der Mann Moses*, a.a.O., S. 480) (A.d.Ü.).

Gedächtnis

WIE WÜRDE WOHL unser Leben aussehen, wenn wir kein Gedächtnis hätten? Wir hätten keine Erinnerung an unser vergangenes Leben, auch nicht an Dinge, die nur wenige Jahre zurückliegen. Keine Erinnerung an die Empfindungen, die uns die Welt verstehen und uns in sie eintreten ließen. Es würde Leere herrschen anstelle von Erfahrungen. Wir würden diese Leere in uns selbst feststellen, während die Welt draußen ständig in Bewegung ist, auf die wir allerdings keinerlei Einfluss haben, da wir sie nicht verstehen würden. Wenn wir uns diese schreckliche Erfahrung bis ans Ende ihrer Logik ausmalen, so würde sich zeigen, dass wir ohne Gedächtnis auch keine Sprache haben. Die Auslöschung wäre allumfassend.

Der Talmud bietet uns ein Bild, das ich sehr schön finde. Es heißt dort, dass das Kind im Mutterleib »einem zusammengefaltet daliegenden Buch« gleicht. Und weiter: »Es gibt keine Tage, da der Mensch in größerer Seligkeit weilt, als diese Tage. (...) Und sie (die Engel, A.d.Ü.) lehren es die Weisung ganz und gar. (...) Sobald es nämlich an die Luft der Welt kommt, kommt ein Engel und schlägt es auf seinen Mund und lässt es die Weisung ganz und gar vergessen« (*Nidda* 30 b).

So ist der Mensch für den Talmud eine Inkarnation des Wortes. Damit dieses Wort aber in der Welt seine

Macht entfalten kann, ist es notwendig, dass der Mensch sein Gedächtnis nicht verliert oder dass er es wieder findet. Bei jeder Geburt, in jeder Generation, bei jedem Schritt vorwärts in der Menschheitsgeschichte versucht der Engel uns das ursprüngliche Wort, dieses Urgedächtnis, vergessen zu lassen. Glücklicherweise ist es ihm noch nicht gelungen. Unter uns gesagt, es wird ihm auch in Zukunft nicht gelingen, wenn wir nur weiterhin wachsam bleiben.

Mit den Völkern verhält es sich wie mit den Individuen. Ohne Gedächtnis gleichen sie einer leeren Muschel, sind sie nichts als eine Ansammlung von Männern und Frauen, die der Strom der Welt mit sich reißt und verschlingt.

Wie wir gesehen haben, hat gerade das kontinuierliche Studieren und Lernen das jüdische Volk vor dem Vergessen seiner Ursprünge und vor der Auflösung seiner Identität bewahrt. Es hat über die Jahrhunderte hinweg Gedächtnis geschaffen, weiterentwickelt und genährt. Im Laufe der Zeit und unter unvergleichlichen Prüfungen ist das Gedächtnis zu einer Kraft an sich geworden. Es wurde zu einer moralischen Kapazität, die es den Juden gestattet, sich der Gegenwart und der Zukunft zu stellen: Letzten Endes ist es nämlich stets das Gedächtnis, das sie vor der absoluten Vernichtung rettet.

Und von diesem Gedächtnis möchte ich nun erzählen ...

Als ich 1950 nach Frankreich kam, bezeichnete man die Juden als »Israeliten«. Wenn ich mich in Antwort auf die

Fragen meiner Freunde als *Juden* bezeichnete, löste ich jedes Mal betretenes Schweigen aus.

Ich war im falschen Moment gekommen. Soeben hatte es im Zweiten Weltkrieg den unglaublichen Versuch eines Genozids gegeben – der auf mehr oder weniger große Gleichgültigkeit gestoßen war. Es ist unklar, ob die französische Gesellschaft – und das gilt auch für die anderen westlichen Nationen in jenen Jahren – damals bereits das ganze Ausmaß der begangenen Ungeheuerlichkeit ermessen hat (außer vielleicht in bestimmten, eng begrenzten Kreisen). Auf alle Fälle aber wollte sie sich ganz allgemein nicht ans Werk der Erinnerung machen. Die von vier Jahren Okkupation und Kampf erschöpften und auch zerrissenen Franzosen wünschten Frieden und wollten vergessen.

In dieser eher euphorischen Nachkriegsatmosphäre konnte meine tragische Erinnerung nur irritieren. Doch ich konnte nichts dafür. Ich hatte alles verloren und verspürte, wie Kafka es formulierte, »einen starken Wunsch nach Vorfahren«. In den Augen mancher führte mich ebendieser Drang in die Irre. Diese glaubten immer noch mit Nietzsche, dass durch die Erinnerung »das Lebendige zu Schaden kommt und zuletzt zugrunde geht, es sei nun ein Mensch, ein Volk oder eine Cultur«[*].

Doch wie jeder Wunsch war auch dieser Wunsch nach Erinnerung, nach einer Geschichte, nach *meiner*

---

[*] Friedrich Nietzsche, »Vom Nutzen und Nachtheil der Historie für das Leben«, 1, in: *Kritische Studienausgabe*, hrsg. von Giorgio Colli und Mazzino Montinari, München/Berlin/New York 1988, Band 1, S. 250 (A. d. Ü.).

Geschichte nicht die Frucht reifer Überlegung. Er war instinktiv und so lebensnotwendig wie Essen und Trinken. Und er hängt vielleicht mit jenem Wort zusammen, das der Engel meinem Mund nicht entreißen konnte, als ich auf die Welt kam ...

Als sich der Philosoph Franz Rosenzweig im Herbst 1913 gerade anschickte zum Katholizismus zu konvertieren, habe er – so heißt es – dank eines einschneidenden Erlebnisses, das er an Jom Kippur in einer orthodoxen Synagoge Berlins hatte, wieder zu seinem geistigen Erbe zurückgefunden. Sein Konversionswunsch war in gründlicher Überlegung herangereift und gefestigt. Es schien ihm, als ob der alte, durch Moses als Mittler geschlossene Bund zwischen dem Ewigen und den Menschen nunmehr überholt sei, dass er in der Gegenwart keine Gültigkeit und Wirksamkeit mehr besitze, und so wollte er sich dem durch Christus symbolisierten Neuen Bund zuwenden.

Um diesen Übergang besonders deutlich zu machen, beschloss er sich direkt an Weihnachten taufen zu lassen. Als er jedoch an jenem Feiertag kurz zuvor an einer Synagoge vorbeikam, verspürte er plötzlich den Wunsch, den Seinen und der Welt des Wortes, das ihn bislang getragen hatte, Lebewohl zu sagen, und ging hinein. Einmal in der Synagoge, schien es ihm plötzlich, als würde sein Gedächtnis zurückkehren. Nicht das Gedächtnis des Gelehrten, sondern die lebendige Erinnerung an das Gewusste. Das Fleisch des Wortes, der fruchtbare Atem der Erfahrungen, die ebenso fruchtbare Kraft jüdischen Denkens, die alle zusammen die Grundlage seines eigenen Denkens gebildet hatten und die es auch weiterhin zu entfalten vermochten, all das drängte an ihn heran. Rosenzweig spürte in sich die ganze Lebendigkeit dieses Bundes, den er für erloschen hielt, und annullierte seine Konversion.

Wer könnte sagen, warum er an jenem Tag in eben jene Synagoge hineinging, wenn nicht deshalb, weil er von diesem kollektiven Gedächtnis bewegt wurde, das Treue bewirkt und zugleich permanentes Lehren und Lernen bedeutet?

Als Überlebender einer verlorenen Kultur, der sich weigert dem Bösen gleichgültig gegenüberzustehen und es zu banalisieren, hineingestellt in eine vergessliche und gegenwartstrunkene Zeit, mit einer Sprache sowie dem Recht, sie zu benützen, habe ich jahrelang nach besten Kräften versucht mit anderen zusammen für alle Verdammten dieser Erde zu kämpfen sowie gegen »diese Verdammung, die die Verdammten selbst häufig zu vergessen bereit sind« (Vassili Grossman). Meine persönliche Geschichte ist hier aber nur insofern von Interesse, als ich versuchen möchte mit ihrer Hilfe die Entwicklung des Wortes »Gedächtnis« zu illustrieren. Denn nie zuvor wurde dieses Wort derart häufig verwendet, in privaten Gesprächen ebenso wie in öffentlichen Debatten, Artikeln oder Politikerreden.

Ich frage mich manchmal, ob die 168 Stellen, an denen in der Bibel dazu aufgefordert wird, sich zu erinnern, wohl verstanden wurden. Wenn ich immer wieder sage »Erinnere dich«, dann deshalb, um daran zu erinnern, dass das Böse existiert, dass es in den heiligen Texten beim Namen genannt wird und dass es jederzeit und in allen möglichen Formen in Erscheinung treten kann. In der Bibel wird das Böse, das uns bedroht, von einem zerstörerischen Volk verkörpert: Amalek. Als ein Volk mit vielen Gesichtern kann Amalek morgen auch die Züge unseres Nachbarn annehmen. In diesem Sinne bedeutet sich zu erinnern, wachsam zu sein. Es ist eine Aufforderung zur Wachsamkeit.

Sage ich hingegen »Gedächtnis«, dann denke ich dabei an die Geschichte. An die Geschichte, die uns die Vergangenheit enthüllt, welche ihrerseits wiederum die Gegenwart erhellt. »Denn befrage doch die vorige Generation«, heißt es im Buch *Hiob*, »und habe Acht auf das, was ihre Väter erforscht haben. Denn wir sind von gestern und erkennen nichts ...« (Hiob 8, 8–9). Sich auf das Gedächtnis zu berufen, heißt die Geschichte zu denken. Die ganze Geschichte, mit allem Guten und Bösen als Quellen von Lehren und Bezügen.

Für Juden führt die rechte Lektüre der Geschichte zum Allgemeinen hin, da die Geschichte voller Menschen ist, die sich ähneln, und voller Ereignisse, die uns als Warnung dienen.

Erinnern wir uns: Auf Befehl König Nebukadnezars war der erste Tempel in Jerusalem zerstört worden. Das war im Jahre 586 vor unserer Zeitrechnung, am neunten Tag des Monats Aw. Sechs Jahrhunderte später, im Jahre 70, zerstörte der römische Feldherr Titus den zweiten Tempel. Dies geschah wiederum am neunten Tag des Monats Aw. Und so verhielt es sich auch mit den kommenden Katastrophen: die Vertreibung der Juden aus Spanien im Jahre 1492 sowie das von den Kosaken veranstaltete Massaker im Jahre 1648, all das geschah jedes Mal am neunten Tag des Monats Aw. Durch diese Wiederholungen bildet dieses Schicksalsdatum für die Juden einen festen Markstein im Fluss der Zeit.

Die Überzeugung, dass die Geschichte ohne Erhellung durch das Gesetz keinen Sinn hat, da sie dann nicht als Lehre dienen kann, hat mich meine ganze Kindheit hindurch begleitet. Deshalb weiß mein Gedächtnis, das meiner Eltern, das der Eltern meiner Eltern, und so von Generation zu Generation, sowohl um die Existenz des Bösen, das den Menschen heimsucht, als auch um die des Gesetzes, das ihm im »Buch« gegeben wurde, um ihn vor dem Bösen zu bewahren. Sollte es ein Zufall sein, dass das Wort »Geschichte«, auf Griechisch *historia*, Bericht, Erzählung, Zeugnis bedeutet?

Eine chassidische Geschichte erzählt dies auf ihre lebendige und humorvolle Art und Weise:

»Ein Nicht-Jude, ein Goj, fragte einen Juden nach seinem berühmten *Pardes*, dem Paradies. Da er nicht lockerlässt, verspricht der Jude ihn hinzuführen. Dazu tritt er, während der Goj schläft, in dessen Traum ein und führt ihn durch die Stadt hindurch zu einem Garten. Dort gibt es Bäume, Blumen, einige Teiche. Der Goj äußert Verwunderung über den bescheidenen Anblick des Ortes und mehr noch darüber, dass weit und breit keine Menschenseele zu sehen ist.

– Ist das alles?, fragt er.

– Das ist alles, sagt der Jude.

Plötzlich entdecken sie einen Alten, der auf einer Bank sitzt, mit einem dicken Buch auf seinen Knien.

– Wer ist das?, fragt der Goj.

– Oh, antwortet der Jude, das ist einer unserer großen Schriftgelehrten, Rabbi Akiba.

– Und was hat er getan, um das Paradies verdient zu haben?

– Er lehrte und las. Er hat fast alle Bücher gelesen.

– Und was tut er jetzt?

– Er liest.

– Aha. Was aber hat sich da für ihn geändert?

– Nun, jetzt versteht er, was er liest.«

Die Moral dieser Geschichte besteht darin, dass man sich der Gegenwart entziehen muss, um sie zu verstehen. Dass man – innerhalb der Perspektive, die uns die Geschichte bietet – Abstand nehmen muss, um sich ihr auf eine andere Art und Weise zu nähern, um so wiederum den Sinn ihres Ursprungs und ihres Plans zu verstehen. Denn wir sind die lebendige Frucht von Vergangenheit und Gegenwart. Wir sind deren Verbindung. »Das Unverständnis der Gegenwart gegenüber entsteht zwangsläufig aus der Unkenntnis der Vergangenheit«, schreibt der Historiker Marc Bloch in der unmittelbaren Tradition des Talmud. Und er fügt hinzu: »Doch bemüht man sich vielleicht nicht minder vergeblich um das Verständnis der Vergangenheit, wenn man von der Gegenwart nichts weiß.«[*]

Das Gedächtnis ruft bekanntlich nicht nur Dramen in Erinnerung. Dennoch denkt man seit dem Zweiten Weltkrieg immer dann, wenn von Gedächtnis oder Er-

---

[*] Marc Bloch, *Apologie der Geschichte oder Der Beruf des Historikers*, hg. von Lucien Febvre, übers. von Siegfried Furtenbach, revidiert durch Friedrich J. Lukas, München: dtv 1985, S. 38 (A. d. Ü.).

innern die Rede ist, in erster Linie an die Shoah. Und ich kann das verstehen. Denn sie ist der stärkste Bezugspunkt dieses Jahrhunderts.

Es ist gewiss nicht verborgen geblieben, dass unter den Gründen, die mich, wie ich erzählt habe, zum Juden werden ließen, die Shoah nicht auftaucht. Obwohl sie den schrecklichen Hintergrund meiner Kindheit bildete und obwohl sie, noch bevor ich das Erwachsenenalter erreichte, für mich der einzige Horizont der Realität war.

Deshalb besteht aber keinerlei Grund zu der Annahme, ich sei wie andere der Ansicht, dass das Schweigen bisweilen mehr Gewicht habe als Worte, wie Kafka glaubte, der meinte, dass man (wie Odysseus) zwar den Gesang der Sirenen überleben könne, nicht aber ihr Schweigen. Im Gegensatz dazu bin ich, wie sicher deutlich geworden ist, Anhänger der uralten Tradition, wonach die Geschichte zur Sprache kommen soll. Wenn jemand von einer menschlichen Erfahrung Zeugnis ablegen kann, und sei diese Erfahrung noch so dramatisch – ja, vor allem dann, wenn sie dramatisch ist –, so muss er sie mit anderen teilen. Auf diese Weise wird sie der ganzen Menschheit als Lehre dienen können. Zwar würdigt diese Tradition auch die Bedeutung des Schweigens, von dem Kafka spricht, vor allem aber ehrt sie die des Zeugnisses, die lebensnotwendige Bedeutung des »Gesagten«, dessen Abwesenheit den erschrockenen Schrei Schönbergs in seiner Oper *Moses und Aron* auslöst: »Wort, o Wort, das mir fehlt!«

Ja, die Shoah geht mir nicht aus dem Sinn, sie schreit aus allen meinen Poren. Doch sie ist weder der Grund noch die Quelle meines Judentums. Ich habe es von der ersten Seite dieses Buches an gesagt: Das Judentum hat sich mir auf positive Art und Weise auferlegt. Ich bezeichne mich nicht aus Treue gegenüber den Toten als Jude. Sondern durch den Bezug auf dieses Gedächtnis, das ich mit ihnen teile.

Der Tod empört mich. Bei den Juden kann nicht einmal der Ewige den Aufenthaltsort der Toten, die Unterwelt, den *Scheol*, betreten. Wir müssen mit all unseren Kräften und Mitteln jene bekämpfen, die den Tod säen und somit das Grundgesetz der Lebenserhaltung verletzen.

Man hat den Juden – unter Berufung auf Hannah Arendt – oft ihre Passivität gegenüber den Nazis vorgeworfen. Nach dem Krieg rückten die jüdischen Historiker – als suchten sie nach einer Rechtfertigung – beinahe ausschließlich den Aufstand im Warschauer Ghetto in den Vordergrund. Sie erweckten somit den zumindest seltsam zu nennenden Eindruck, als hätten die 60 000 Aufständischen des April und Mai 1943 jene Ehre gerettet, die die sechs Millionen Juden, die sich angeblich zur Schlachtbank führen ließen, durch ihre vermeintliche Laschheit verloren hätten.

In einer Welt, in der Gewalt schon immer mit Gewalt beantwortet wird, in der man Bar-Kochba, Spartacus, Jeanne d'Arc, Garibaldi oder Kosciuszko Lobeshymnen singt, scheint allein der bewaffnete Aufstand verstanden und gewürdigt zu werden. Dadurch wird aber eine spezifische Form des Widerstands mit Schweigen übergangen, die die Juden im Laufe ihrer Geschichte entwickelt haben. Sie war zwar komplexer und weniger spektaku-

lär, basierte auf ihrer Ethik und war durch die wieder-
holten Exile und Zerstreuungen erforderlich geworden,
doch war sie deshalb nicht weniger wirkungsvoll. Sie
hat es ihnen ermöglicht, alle Verfolgungen und Zurück-
weisungen zu überleben. Georges Bernanos, ein Antise-
mit, der die Juden gleichzeitig bewunderte, sagte, dass
diese Form des Widerstands darin bestehe, »durchzuhal-
ten und fortzudauern«.

Als am 2. Oktober 1940 der von den Nazis eingesetzte
Gouverneur Ludwig Fischer die Schaffung eines Ghettos in Warschau befahl, begannen die Juden augenblicklich damit, ein eindrucksvolles medizinisches, soziales
und kulturelles Hilfsnetz zu organisieren. Es galt, von
Beginn an die Situation der 500 000 Männer, Frauen
und Kinder etwas weniger unerträglich zu gestalten, die
in ein Stadtviertel gepfercht wurden, das eigentlich nur
für 45 000 Bewohner vorgesehen war.

Die Idee des Ghettos war nicht neu: Sie wurde im
Jahre 1516 im Hirn eines venezianischen Dogen geboren. Doch die Nazis verliehen ihr eine ganz neue Tragweite. In diesem von der übrigen Welt abgeschnittenen
Bereich, der wie ein Aussätzigenheim hermetisch abge-
riegelt war, bestand die ansteckende Krankheit einzig
und allein darin, dass man dem jüdischen Volk ange-
hörte. Durch diese radikale Verleugnung der Menschlichkeit wurde das Warschauer Ghetto im Jahre 1940 zu
einem der größten Friedhöfe »lebendiger Toter«, zu
einer Faulgrube für ein zum Verschwinden verurteiltes
Volk.

Dennoch haben die Juden den Mut nicht verloren.
Sie begannen eine, wie ich es nennen möchte, erste

Phase des Widerstands, den Widerstand durch das Wort. Es gab kleine Gruppen Deutschsprachiger – zu denen mein Großvater Abraham gehörte –, die vor die Henker traten und sie anredeten. Kann man sich ausmalen, welches Maß an Mut und Selbstverleugnung für einen solchen Dialog vonnöten war? Der Gewalt das Wort entgegenzusetzen. Darin bestand ihr Kalkül, ihre Hoffnung.

Ich möchte an dieser Stelle nun einige Auszüge aus dem Tagebuch meines Großvaters zitieren. Ich denke, es ist ein vollendetes Beispiel für den Geist, der diese Männer in jenem schrecklichen Augenblick beseelte.

Er war ein tiefreligiöser Mann. Er war ein Vertrauter des berühmten Rabbi von Ger, zu dem er oft ging, um gelehrte »Disputationen« zu führen. Er war aber auch Anhänger des *Bund*, der sozialistischen jüdischen Arbeiterbewegung. Ich habe zugesehen, wie er am 1. Mai im Zug der Druckergewerkschaft mitmarschierte, den großen schwarzen Hut auf dem Kopf und die *Marseillaise* auf Jiddisch intonierend! Denn in Polen galt die *Marseillaise* als Hymne der Freiheit.

Ich habe dieses Tagebuch aus Aufzeichnungen, die ich nach dem Krieg wieder fand, und zwei oder drei Briefen rekonstruiert, die er an einen seiner katholischen Druckerkollegen geschickt hatte, mit dem er befreundet war.

28. April 1942. Im Jahre 5702 nach Erschaffung der Welt durch den Ewigen, gelobt sei Er! Da ich nichts mehr zu tun habe, werde ich hier aufschreiben, was ein alter Mann in einem Keller durchleben kann; möge mein Bericht als Zeugnis dienen.

Möge er vor den Menschen Zeugnis ablegen für den Schmerz eines Mannes, für die Leiden eines Volkes. »Was ist meine Kraft, dass ich aushalten könnte«, fragt Hiob, »was ist mein Ende, dass ich mich gedulden sollte?« O Herr!

21. Mai. Mordechai hat mir erzählt, dass die Deutschen Rundgänge durchs Ghetto organisieren. Er hat sie mit eigenen Augen gesehen, mit Fotoapparaten bewehrt und in Begleitung ihrer Familien. Sie kommen, die »Untermenschen« sterben zu sehen. Und wenn man sie ansprechen würde? Wenn man es ihnen erklären würde? Können sie allesamt so böse sein, o Herr?

23. Mai. Ich musste sie sehen, diese Deutschen. Ich musste ... Ich stieg aus meinem Keller hervor, ganz taumelig vor Angst. Vor der Toreinfahrt lagen zwei in Lumpen gehüllte Kinder, die einander fest umklammert hielten. Sie atmeten kaum. »Wie lange noch, Ewiger, wirst Du Dich unentwegt verbergen?«
Auf dem Rückweg in meine Höhle sah ich sie. Sie waren zu dritt, sehr jung, und sie fotografierten ... Ich weiß nicht, wie, noch wann genau ich sie angesprochen habe. Sie waren überrascht einen alten Juden Deutsch sprechen zu hören. Ich zitierte, glaube ich, einen Vers von Goethe. Erstaunt starrten sie mich an. Warum?, fragte ich. Warum?
Habe ich an ihr Gewissen gerührt? Ich weiß es nicht. Aber ich sah, wie sie plötzlich davongingen und, als hätten sie Angst, schnellen Schrittes dem Ghetto-

tor zustrebten. »Gedenke der Frevel Deiner Feinde, o Ewiger!«

30. Mai. Esra, der Sohn meiner Tochter Topcia, ist krank. Typhus vielleicht... »Herr, erbarme Dich Deiner Diener!«

Sechs Monate später verbot Himmler den deutschen Soldaten per Sonderbefehl das Ghetto zu betreten.

Hannah Arendt schrieb, dass man über diese Zeugnisse, diese Stimmen, die trotz allem aus dem Schrecken heraus ertönten, unentwegt nachdenken müsse. »Nicht allein deshalb, weil diese Tatsachen die Atmosphäre verändert und die ganze Luft, die wir einatmen, vergiftet haben (...), sondern auch deshalb, weil sie zur grundlegenden Erfahrung und zum elementaren Leid unserer Zeit geworden sind.«*

Die Männer und Frauen vom Ende dieses 20. Jahrhunderts, von Vietnam bis Algerien, von Kambodscha bis Ruanda und Ex-Jugoslawien, werden ihr wohl nicht widersprechen. Alles Leid ist persönlich; seit der Bibel hat das Judentum es zu universalisieren vermocht.

Als sie keine Gesprächspartner mehr fanden, gingen die Juden zur zweiten Phase des Widerstands über: zum Zeugnis. Der Historiker Emmanuel Ringelblum berich-

---

* Hannah Arendt, *The Image of Hell* (Buchbesprechung 1946), dt. (übers. von Eike Geisel): *Das Bild der Hölle*, in: H. A., Nach Auschwitz: Essays und Kommentare 1, hg. von Eike Geisel und Klaus Bittermann, Berlin: Edition Tiamat (Critica Diabolis, 21) 1989, S. 49–62, S. 54 (A. d. Ü.).

tet in seinem Tagebuch, dass seine Schicksalsgenossen trotz des Hungers, der sie quälte, und trotz ihres Wissens um ihre aussichtslose Lage, noch genügend Kraft fanden, sämtliche Dokumente, die im Ghetto zirkulierten, zu sammeln. Sie haben sie ihm übergeben, damit die Geschichte weitergeschrieben werde. Damit das Böse der Geschichte nicht durch die Geschichte verwischt werde.

Diese Entschlossenheit, das ihnen auferlegte Schweigen – in aller Stille – zu brechen, zeugt von seltenem Mut und ebenso seltener Einsicht. Diese Männer und Frauen waren sich ihrer Verantwortung gegenüber den künftigen Generationen in ganz besonderem Maße bewusst.

Als Emmanuel Ringelblum und seine Mitarbeiter, denen wir eine unersetzliche Dokumentation über das Alltagsleben im Ghetto verdanken, ihrerseits deportiert wurden, griffen die letzten Überlebenden schließlich zu den Waffen. Der Aufstand läutete also die dritte und letzte Phase des Widerstands ein. Ohne jede Begeisterung. Weil keine andere Wahl blieb. *B'eïn Breïra*, wie man auf Hebräisch sagt. Wobei sie der Welt zeigten – denn sie zweifelte daran –, dass auch Juden, so wie alle Menschen, in der Lage sind, zu töten.

Dieser Widerstand in drei Phasen – wobei die dritte Phase erst dann einsetzte, nachdem die Wirkung der beiden ersten Phasen erschöpft war – ist mir immer noch die intensivste, erschütterndste und höchst moralische Lehre.

Das Warschauer Ghetto bleibt zweifellos auch weiterhin das Symbol der bewaffneten Erhebung der Juden gegen den Nazismus. Doch ist es vor allem auch das Symbol für den jüdischen Widerstand gegen Unterdrückung, Verfolgung und Tod, wie ihn Generationen von Juden durch all die Jahrhunderte hindurch verstanden und praktiziert haben.

Von Hiob bis Marc Bloch stimmen alle, die darüber nachgedacht haben, überein: Das Gedächtnis hilft uns zu entscheiden und zu wählen, indem es uns auf die Erfahrung der Geschichte bezieht und indem es die Geschichte im Gesetz verankert. Deshalb geht mir folgender Satz aus dem Buch Deuteronomium nicht aus dem Kopf: »Das Leben und den Tod habe ich dir vorgelegt, den Segen und den Fluch! So wähle das Leben ...« (Dtn 30, 19).

Kann man aber vom Judentum sprechen, indem man nur seine Entdeckung des Bösen und der Mittel, sich vor ihm zu schützen, erwähnt, ohne auf die Gerechtigkeit Bezug zu nehmen, jene Idee, die Moses unentwegt beschäftigte? Kann es denn ohne Gerechtigkeit ein einziges Gut geben? Kann es denn eine Gerechtigkeit geben ohne jene, die sie verkörpern, die Gerechten?

Gerechtigkeit

WARUM dieser Eifer im Lernen und Studieren? Warum diese Sorge um das Gedächtnis, wenn nicht deshalb, damit in der Stunde der – leider unvermeidlichen – Konfrontation mit dem Bösen die Gerechtigkeit die Beständigkeit des Guten verkörpern könne? Denn als eine im Bund mit dem Ewigen herangereifte Frucht kommt die Menschlichkeit des Menschen gerade in der – so überaus schwierigen – Ausübung der Gerechtigkeit zum Ausdruck ...

In den vorangegangenen Kapiteln haben wir gesehen, wie die Menschen, die auf ewig gleich sind, die Freiheit und das Gesetz erlangten, beides Mittel, dank derer die menschliche Gemeinschaft sich in Frieden zu entwickeln und ein Leben in der Achtung vor dem Individuum zu gewährleisten vermag.

Indem Gott Seinen menschlichen Partnern, zunächst Noah, dann Abraham, und durch diese beiden allen Menschen seinen Bund anbietet, verleiht Er der Freiheit als einer Möglichkeit des Menschen Ausdruck. Durch diese Freiheit werden die Menschen aber zugleich verantwortlich für ihre Entscheidungen und Taten.

Das später von Moses auf dem Sinai in die Steintafeln geschriebene Gesetz erlaubt uns im Wirrwarr der Begehren und Wünsche den rechten Pfad wiederzufinden. Es nennt das Böse beim Namen, macht es sichtbar und bezeichnet gleichzeitig den immer möglichen Weg des Guten: »Was du nicht willst, dass man dir zufüge, das füge auch deinem Nächsten nicht zu« (Talmud, *Schabbat*, 31 a).

Die Gerechtigkeit wird also die dritte Kraft sein, die der Menschheit angesichts des Chaos Halt gibt, welches das Böse unablässig hervorbringt. Sie macht das Leid wieder gut, sie bezeichnet das Rechte, die Angemessenheit der Entscheidungen und Prüfungen.

Auf diese Weise verankert die Bibel im Herzen des Menschen die ethische Dimension des Guten und erreicht so, wie es im Talmud heißt, ihr höchstes Ziel: den Menschen die Fähigkeit zu verleihen, das Böse, dessen Ursache, Täter und Opfer sie in einem sind, zu besiegen. Daher die ängstliche Ermahnung im Buch Deuteronomium: »Der Gerechtigkeit, der Gerechtigkeit sollst du nachjagen!« (Dtn 16, 20).

Auf die Frage: »Was ist der Mensch, dass du ihn groß achtest?« (Hiob 7, 17), gibt das Buch Levitikus zur Antwort: Der Mensch ist des Menschen Nächster, weil beide nach dem Bilde desselben Gottes geschaffen wurden. Daher das Gebot: »Du sollst deinen Nächsten lieben ...« (Lev 19, 18).

Im jüdischen Denken ist Gott gerecht, wenn er konsequent bleibt, das heißt: wenn er in Übereinstimmung mit dem Gesetz handelt. Das steckt hinter dem Protest Abrahams, als Gott sich anschickte Sodom zu vernichten: »Willst du wirklich den Gerechten mit dem Ungerechten wegraffen? (...) Fern sei es von dir, so etwas zu tun, den Gerechten mit dem Ungerechten zu töten, so dass der Ungerechte wäre wie der Gerechte; fern sei es von dir! Sollte der Richter der ganzen Erde nicht Recht üben?« (Gen 18, 23–25).

Ein Mensch hingegen ist gerecht, wenn sein Handeln dem entspricht, was das Wesen des Seins erfordert. Nun ist aber das Wesen des Seins nichts anderes als das Leben. »Das Leben und den Tod habe ich dir vorgelegt, den Segen und den Fluch! So wähle das Leben ...« (Dtn 30, 19).

Diese Vorstellung finden wir bereits in den ersten Texten der Bibel.

Adam und Eva zeugen zwei Söhne miteinander, Kain und Abel, von denen der eine den anderen tötet. So, und ohne alle Umschweife, beginnt die Geschichte der Menschheit. Unsere Geschichte.

Dennoch könnte Kain, der Abel tötet, in dem Sinne als unschuldig gelten, in dem unwissende Kinder unschuldig sind. Denn in Wirklichkeit weiß er in diesem Stadium der Menschheit noch gar nicht, was das ist, der Tod. Wie hätte er es auch wissen sollen? Er ist ihm niemals begegnet. Er gehört der zweiten Generation von Menschen an. Seine Eltern, Adam und Eva, sind noch am Leben. Kain kann nicht wissen, dass er, indem er seinen Bruder tötete, etwas begangen hat, das nicht wieder gutzumachen ist. Gut und Böse sind noch nicht durch das Gesetz bestimmt. Moses hat das Gebot: »Du sollst nicht töten!«, noch nicht empfangen.

Deshalb ist es ganz logisch, dass Kain über seine Tat weder Freude noch Schuld empfindet. Man könnte sich sehr gut vorstellen, wie er auf die Frage des Ewigen: »Was hast du mit deinem Bruder getan?«, antwortet: »Ich habe ihn geschlagen und er rührt sich nicht mehr.«

Doch Kain weicht der Frage aus: »Bin ich der Hüter meines Bruders?«, fragt er, als wolle er seine Tat verbergen ... Als wüsste er *bereits*, dass seine Tat verwerflich war. Aber wie kann er das wissen? Woher weiß er, dass Töten eine böse Tat und sogar der höchste Ausdruck des Bösen ist?

Hier die Antwort: Indem er das Leben erbte, erbte Kain gleichzeitig auch das Wissen um Gut und Böse. Er ist der Erbe dieses Wissens, das er von seinen Eltern empfing, die von der Frucht des Baums der Erkenntnis im Garten Eden gegessen hatten. Heute würde man sagen, dass es in seine Gene überging. Er weiß zwischen Gut und Böse zu unterscheiden, weil dieses Wissen von nun an de facto in das Erkenntnisvermögen des aus dem Garten Eden vertriebenen Menschen eingeschrieben ist. Darin bestand die Macht des Baums der Erkenntnis ...

Durch diese mörderische und unmittelbare Gewalt Kains lehrt uns die Bibel das Wesentliche: Wir sind *wie* Gott, aber wir sind auch wie Kain. Wir sind die Erben der Erkenntnis, wir sind, ohne dass weitere Belehrung nötig wäre, fähig, das Gute und das Böse unseres Handelns zu erkennen. Wir werden stets voll und ganz verantwortlich sein. Wir haben immer die Wahl, Gerechtigkeit walten zu lassen, Gerechte zu sein!

Oder aber uns in den Fängen des Bösen zu verfangen.

Wenn ich sage, dass das Ziel der Gerechtigkeit im Schutz des Lebens besteht, bedeutet das, dass die Gerechtigkeit und das Gute nichts Abstraktes sind. Die

Gerechtigkeit kommt in Handlungen zum Ausdruck, das Gute ist in der konkreten Erfahrung erlebbar. Der einzige Beweis aber, den wir für beide haben, sind die »Gerechten«. Frauen und Männer wie wir, die den ethischen Wert der Gerechtigkeit verkörpern, weil sie allen Widerständen zum Trotz das Risiko ihrer eigenen Existenz auf sich nehmen. Gegen den Tod wählen sie das Leben.

Diese Tat, dieser Widerstand gegen das Böse ist derart radikal, dass, wie ich bereits zu Beginn dieses Buches geschrieben habe, bisweilen ein einziger Gerechter ausreicht, um die ganze Welt zu retten.

Dem Talmud zufolge sind allerdings mehr von ihnen nötig: »Die Welt ruht auf sechsunddreißig Gerechten«, heißt es dort. Warum sechsunddreißig?

Wie vielleicht schon allgemein bekannt, gibt es im Hebräischen keine Ziffern. Diese wurden von den Römern, die Null von den Arabern erfunden. Wie bezeichnet aber dann das Hebräische die Zahlen? Mit Buchstaben. A entspricht der 1, B der 2, C der 3 und so fort. Folglich kann man jedem Wort die Summe der Zahlenwerte jener Buchstaben zuordnen, aus denen es besteht. Dieses Spiel der Entsprechungen zwischen Zahlen und Wörtern wird Gematria genannt. Sie wurde in der Kabbala zur Analyse und zu metaphysischen Weissagungen verwendet.

Nun gibt es aber unter allen Zahlen drei besonders wichtige, die jeweils einem Wort entsprechen: 26 entspricht dem Namen »Gott«, 17 dem Wort *tow*, »gut«, und 18 dem Wort *haï*, »Leben«.

Der Gematria zufolge steht 36 für zwei mal 18, das

heißt zwei mal Leben, oder auch: das Leben des Lebens. Oder: das Leben, welches das Leben rettet.

Vielleicht will also der Talmud mit dieser Zahl insgeheim ausdrücken, dass angesichts des vielen Bösen auf der Welt mindestens 36 Gerechte notwendig sind, damit das Leben das Leben zu schützen vermag.

Dieser Kampf für Gerechtigkeit währt ewig. An der vor Jahrtausenden in der Bibel beschriebenen Wirklichkeit hat sich nichts geändert. Nur die Tod und Zerstörung bringenden Werkzeuge scheinen sich weiterentwickelt zu haben. Jeder von uns, von Generation zu Generation, spürt dieses Bestreben und empfindet Schmerz darüber. Konnte ich als einer, der in diese Tradition hineingeboren wurde, akzeptieren, dass vor sechzig Jahren die ganze Welt – bereitwillig oder aus Laschheit – zuließ, dass Millionen der Meinigen umgebracht wurden? Konnte ich zugeben, dass es damals nicht einmal diese 36 Gerechten gab, die nach dem Talmud notwendig sind, um das Leben zu erhalten?

Ich erlaube mir, hier eine weitere persönliche Anekdote zu erzählen.

Eines Tages, als ich es nicht mehr hören konnte, dass es während des Zweiten Weltkriegs nur Dreckskerle und Ungeheuer gegeben habe, und als ich – wie die Verfasser der Bibel – auch Angst hatte, dass diese so hoffnungslose Sicht der Menschheit uns für ewig in Verzweiflung stürzen könnte, machte ich mich auf die Suche nach Gerechten. Im Laufe dieser Suche sollte es zu einer der schönsten Begegnungen kommen, die ich je erleben durfte.

Nach beinahe fünfzig Jahren war ich zum ersten Mal in meine Geburtsstadt Warschau zurückgekehrt. Es war kalt und schneite. In ihre Mäntel und Pelze gehüllt, eilten die Menschen in kleinen Gruppen vorüber. Der Himmel lag schwer über der Stadt. Die Frauen trugen Strickmützen, die mir ziemlich hässlich erschienen. Alte rote Straßenbahnen fuhren quietschend vorüber. Ich erinnere mich, wie ich die Weichsel betrachtete, durch deren flaches Wasser Sandbänke hindurchschimmerten, während ich in meiner Manteltasche die Liste mit den Namen der fünf Gerechten fest umklammert hielt, derentwegen ich gekommen war. Fünf polnische Katholiken, die, wie man mir gesagt hatte, im Krieg Juden gerettet hatten.

Ohne dass ich es mir extra vorgenommen hätte, trugen mich meine Füße in die Smocza Straße, jene Straße, in der ich meine Kindheit verbracht hatte. Von meinem Viertel, meiner Stadt ist nichts übrig geblieben. Alles wurde zerstört. Alles war irgendwie wieder aufgebaut worden. So unglaublich das klingen mag, aber es gab zum Beispiel Häuser, die sich direkt über Trümmern erhoben, die gar nicht erst abgetragen wurden, wie in Troja oder in Jericho.

Dieser Teil der Stadt bildete jahrhundertelang das jüdische Viertel. Nunmehr war der Boden angehoben worden, man musste einige Stufen emporsteigen oder eine steile Rampe nehmen. Einer alten Gewohnheit folgend wurden die Häuser der Lebenden über die Häuser der Toten geschichtet. Und ich entdeckte mit Schrecken, dass diese Steigung, diese Stufen, die ich gerade genommen hatte, bedeuteten, dass darunter eine versunkene Welt lag, mit all ihren Innenhöfen, Büros, Geschäften, Werkstätten, Bibliotheken, ihren Straßen und Gassen, Treppen, Waschhäusern, Brunnen, Springbrunnen, Schulen.

Aus Neugier, aus Trotz oder auch in der verrückten Hoffnung, eben dort, wo es keine Menschlichkeit mehr gegeben hatte, dennoch auf Menschen zu stoßen, ging ich auf eine Tür zu und klopfte. Die Tür ging langsam auf und eine alte, füllige Frau musterte mich. Ich fragte sie, ob es in diesem Viertel noch Juden gebe. Ihre Gesichtszüge wurden verschlossen: »Juden?«, wiederholte sie. »Kenn' ich nicht!«

Kenn' ich nicht?

Ich dachte an meinen Großvater Abraham und an meine Unüberlegtheit, gerade in diesem morbiden Chaos unbedingt ein Zeichen der Gerechtigkeit finden zu wollen. Ich brauchte nur den Blick über das ehemalige Ghetto schweifen zu lassen und mir der völligen Abwesenheit meiner Muttersprache bewusst zu werden, um festzustellen, dass mit den Straßen und Häusern von einst auch der Ewige in allgemeiner Gleichgültigkeit entschwunden war.

Ich muss gestehen, dass ich an diesem Punkt drauf und dran war, aufzugeben.

Einmal mehr aber meldete sich der alte Ruf »Der Gerechtigkeit, der Gerechtigkeit sollst du nachjagen!« in mir und ließ mich einen verfallenen Innenhof betreten. Eine winzige, weiß getünchte Marienkapelle – wie sie in Polen häufig anzutreffen sind – schloss an die graue Wand eines Wohnblocks an. Hier wohnte Irena Sendler, die erste Gerechte auf meiner Liste.

Ich fand sie im zweiten Stock, wo sie drei kleine Zimmer bewohnte, jedes ungefähr vier Quadratmeter groß. Als ich sie traf, war sie vierundachtzig Jahre alt. Ihr festes, rundes Gesicht hatte trotz aller Falten und Spuren des Alters eine erstaunliche Frische des Ausdrucks bewahrt.

Beim Gehen musste sie sich auf eine Gehhilfe stützen, doch wenn sie lächelte, kniff sie in Jungmädchenmanier ihre Augen zusammen:

– Jemandem die Hand reichen, der Hilfe braucht?, sagte sie. Aber das ist doch völlig normal!

Zusammen mit ihren Freunden hatte sie 2500 jüdische Kinder gerettet. Sie hatte sich bereits vor dem Krieg um sie gekümmert. Später fuhr sie fort sie heimlich vor den Nazis zu verstecken. Als Sozialarbeiterin gehörte sie zu den wenigen Personen, denen die Deutschen erlaubten das Ghetto zu betreten und sich in ihm frei zu bewegen. Sie nutzte dies aus, um diese dem Tod geweihten Kinder heimlich hinauszuschmuggeln.

– Die Eltern der Kinder, die ich mitnahm, wussten, dass sie verloren waren, sie weinten fürchterlich, als sie sie verlassen mussten. Es war jedes Mal eine Tragödie. Und die Kinder, von ihren Müttern getrennt, heulten ebenfalls unablässig. Unser Fahrer hatte eine Lösung gefunden, damit all das Weinen die Nazis nicht alarmierte: In den Krankenwagen, den ich auftreiben konnte, nahm er einen verlotterten Hund mit hinein. Sobald sich Wachen näherten, trat ihm jemand auf die Pfoten, der Hund fing an wie verrückt zu bellen und übertönte so die Schluchzer der Kinder.

Ich hörte Irena Sendler zu und versuchte sie mir damals vorzustellen, im Alter von dreißig Jahren, mit den Kindern, die sich an sie klammerten, wobei sie alle zusammen in Todesgefahr schwebten, während die Dogge heulte, um die SS zu täuschen.

– Wir waren keine Helden, sagte sie immer wieder. Die wahren Helden, das waren die jüdischen Kinder. Bevor sie wegfuhren, erklärten ihnen ihre Eltern: »Hör gut zu! Du heißt nicht mehr Rachel, sondern Roma. Dein Name ist nicht Isaak, sondern Jacek. Wiederhol' das! Wiederhol' es zehnmal, hundertmal, tausendmal! Du und deine Schwester, ihr seid Polen, Katholiken.« Um überleben zu können, lernten sie ihre Namen, ihre Familien, ihre Eltern zu verleugnen! Sie sind die eigentlichen Helden. Nach all den Jahren höre ich sie immer noch im Traum, wie sie weinend ihre neue Identität lernen, bevor sie sich von ihren Eltern trennen mussten … Es ging nicht nur darum, ihr Leben zu retten. Ich wollte auch, dass sie Juden zu bleiben vermochten. Ich wollte, dass ihre Familien sie nach dem Krieg wieder finden konnten oder dass sie zumindest ihren wahren Namen, ihre Herkunft kannten, falls sie zu Waisen werden sollten.

Irgendetwas bedrückte sie aber noch. Sie war tief bewegt, den Tränen nahe.

– Heute, sagte sie, wird mir klar, dass ich nicht alles getan habe, was ich konnte. Ich mache mir Vorwürfe und werde sie mir bis an mein Lebensende machen …

Ich glaubte meinen Ohren nicht zu trauen! Als man die Nazihenker verhörte, die für Tausende von Morden verantwortlich waren, wiesen sie jede Verantwortung von sich; sie erklärten, sie seien nur kleine Rädchen gewesen, die Befehlen gehorcht hatten und denen es verwehrt war, nein zu sagen ... Irena Sendler hingegen, die Gerechte, machte sich noch auf ihre alten Tage Vorwürfe, nicht mehr getan zu haben!

»Öffnet mir die Tore der Gerechtigkeit!«, sagt der Psalmist. »Dies ist das Tor des HERRN, Gerechte ziehen hier ein« (Ps 118, 19–20).

Ich glaube nicht, dass ich dem noch viel hinzufügen muss. Dieses Beispiel einer Gerechten unter den Gerechten soll helfen die ganze Tiefe dieser dem Judentum so teuren Idee ermessen zu können: Wer ein Leben rettet, rettet die ganze Menschheit.

Eine Gerechte hatte Kindern das Leben gerettet und Jahrzehnte später rettete sie mich vor der Verzweiflung, einer Menschheit anzugehören, die von Hass und Zerstörung besessen ist. Die so überaus große Güte ihres Handelns ließ mich – jenseits alles Bösen – wieder in die beruhigende Tiefe meiner Wurzeln eintauchen.

So entdeckte ich, was Hannah Arendt betont hatte, dass nämlich das Böse »immer nur extrem ist, aber niemals radikal, es hat keine Tiefe, auch keine Dämonie. Es kann die ganze Welt verwüsten, gerade weil es wie ein Pilz an der Oberfläche weiterwuchert. Tief aber und radikal ist immer nur das Gute«*.

---

* Brief an Gerhard (Gershom) Scholem, 20. Juli 1963. In: Hannah Arendt, *Ich will verstehen*, Selbstauskünfte zu Leben und Werk, hg. von Ursula Ludz, München: Piper 1996, S. 36 (A. d. Ü.).

Jude sein

ICH HABE von Anfang an gesagt, dass ich keineswegs den Ehrgeiz habe, hier ein erschöpfendes Porträt von uns Juden zu zeichnen. Solch ein Ehrgeiz wäre verrückt und auch fehl am Platze. Das Vorhaben, das Judentum in seiner Gesamtheit zu erfassen, ist von vornherein zum Scheitern verurteilt. Zahlreiche Theologen und Philosophen, jüdische wie nicht-jüdische, haben sich seit Jahrhunderten mit seltener Beharrlichkeit auf dieses Abenteuer eingelassen. Keinem ist es jedoch gelungen, eine Definition des Judentums zu liefern.

Überraschender als dieses Scheitern scheint mir aber das hartnäckige Bemühen zu sein, es zu überwinden. Es ist gewiss verständlich, dass eine sehr alte Kultur auf theologisches, historisches, anthropologisches, archäologisches, soziologisches und selbst linguistisches Interesse stößt. Doch das Bemühen, ein Denken, eine Kultur, ein lebendiges und vielfältiges Volk in enge, für unwiderruflich erachtete Definitionen zu pressen, scheint mir etwas Morbides an sich zu haben.

Im Gegensatz zu dieser »wissenschaftlichen« Obsession ist es allerdings immer wieder komisch, festzustellen, wie viel Unkenntnis im Allgemeinen über die verschiedenen jüdischen Identitäten herrscht.

Wie oft habe ich nicht gehört, wie die Begriffe »Israeli«, »Israelit« und »Jude« in völliger Konfusion gebraucht wurden. Man kann im vollsten Sinne Israeli sein, ohne Jude zu sein! Der Staat Israel zählt ungefähr sechs Millionen Einwohner. Wenn die Juden auch die Mehrheit bilden, so stellen sie dennoch nicht die Gesamtheit der Bevölkerung. Es gibt in Israel mehrere Minderheiten, darunter ungefähr eine Million Araber.

Der Name Israel kommt von Jakob. Einmal mehr wollen wir das Gedächtnis befragen und in der Geschichte zurückgehen.

In der biblischen Genealogie war Jakob der Sohn Isaaks und der Enkel Abrahams. Wie vielleicht erinnerlich ist, hatte er seinem Bruder Esau für ein Linsengericht das Erstgeburtsrecht abgekauft ... Eines Nachts nun, als er gerade Esau entgegenzog, legte er sich, von den Strapazen des langen Fußmarsches müde, nieder, schlief ein und träumte. In diesem Traum sah er, wie er mit einem Mann − oder vielleicht einem Engel − kämpfte und als Sieger aus diesem Kampf hervorging (Gen 32, 25−29). Als Sieger, doch nicht unverletzt: Er erhielt einen Schlag aufs Hüftgelenk, das sich daraufhin ausrenkte − praktizierende Juden essen deshalb den Muskelstrang über dem Hüftgelenk von Rindern oder Schafen nicht.

Nach diesem Kampf gab der Mann oder Engel, gegen den er gekämpft hatte, Jakob den Namen »Israel«, was auf Hebräisch »der mit Gott gekämpft hat« oder »Kämpfer Gottes« bedeutet. Deshalb werden auch die zwölf Stämme, die aus den zwölf Söhnen Jakobs hervorgegangen sind, *Bnei Israel* genannt, die »Söhne Israels«.

Im Jahre 928 vor unserer Zeitrechnung teilte König Salomon das Königreich in zwei Teile. Im Süden erhielt das von den Stämmen Juda und Benjamin bevölkerte Königreich Juda Jerusalem zur Hauptstadt. Im Norden bildeten die zehn anderen Stämme das Königreich Israel, dessen Hauptstadt Samaria wurde. Juda überdauerte, während Israel im Jahre 720 vor unserer Zeitrechnung vom assyrischen Herrscher Salmanassar zerstört wurde. Auf diese Weise sind die zehn Stämme des ehemaligen Königreichs Israel von der Bildfläche verschwunden, ohne dass man jemals wieder auf ihre Spur gestoßen wäre. Es handelt sich hierbei um eines der großen Rätsel der Geschichte.

Als vor fünfzig Jahren, Jahrtausende nach diesen dramatischen Ereignissen, der erste jüdische Staat gegründet wurde, beschlossen seine Gründer ihn Israel zu nennen und nicht Judäa. Sie wollten damit deutlich machen, dass dieses Land nunmehr allen Söhnen Israels gehörte. Unsere Zeit braucht Symbole. Der Akt der physischen Wiedergeburt der jüdischen Nation beanspruchte seinen Anteil am Gedächtnis und an der Geschichte.

Das war auch die Zeit, als man die Menschen jüdischen Glaubens als »Israeliten« bezeichnete, nachdem der Begriff »Jude« während der antisemitischen Welle des 19. und der ersten Hälfte des 20. Jahrhunderts vor allem als Beleidigung verwendet worden war. Die neue Benennung erfolgte in brüderlicher Absicht, doch stiftete sie nur zusätzliche Verwirrung.

Wer ist Jude? Den religiösen Juden zufolge versteht sich das von selbst: Jeder Mensch, der von einer jüdischen Mutter geboren wurde, ist Jude. Für einen Philosophen wie Franz Rosenzweig ist die Sache noch einfacher: »Er [der als Jude Gezeugte] glaubt nicht an etwas, er ist selber Glauben.«*

Historisch gesehen ist der Begriff »Jude« aus dem Stammesnamen Juda hervorgegangen. Von Anfang an wurden zunächst die Mitglieder dieses Stammes und später die Bürger des Königreichs Juda so bezeichnet. Anders als Israel hat dieses Königreich, wie bereits erwähnt, bis ins Jahr 70 unserer Zeitrechnung überdauert, bevor es dem römischen Imperialismus unterlag. Über die ganze Welt zerstreut, wurden die ehemaligen Untertanen des Königreichs Juda weiterhin ganz selbstverständlich als Juden bezeichnet.

Seither hat sich unter den Angehörigen jener Nationen, die die Neuankömmlinge – mehr oder weniger gut – aufnahmen, Verwirrung breit gemacht. Bis zu diesem Zeitpunkt bedeutete die Zerstreuung eines Volkes und der Verlust seines Ursprungslandes auf mittlere Sicht das Verschwinden des Volkes selbst. Es scheint jedoch, dass die Juden dieser Auslöschung entgehen sollten, indem sie untereinander engen Kontakt hielten, aber auch die Verbindung zu ihrer Kultur und ihrer Geschichte nicht abreißen ließen und eine Reihe von alltäglichen Praktiken beibehielten. Das genügt, um sie mit den Anhängern einer Religion gleichzusetzen.

So verwenden die Briefe des Apostels Paulus die Bezeichnung Juden, wenn von jenen die Rede ist, die das mosaische Gesetz befolgen. Beinahe zweitausend Jahre

* Franz Rosenzweig, *Der Stern der Erlösung*, Frankfurt am Main: Suhrkamp 1990, S. 380 (A. d. Ü.).

später dachte Jean-Paul Sartre, seinerseits durch und durch Atheist, noch genauso: Er betrachtete die religiösen Juden als die einzigen authentischen Juden. Sollten aber diejenigen, die nicht religiös sind, deswegen zu »nicht-authentischen« Juden werden?

Auch Stalin, der Herr über 83 Völker innerhalb der Sowjetunion, war von diesem Volk ohne Land auf seine Weise irritiert. Und zwar derart irritiert, dass er es für notwendig hielt, den Juden eine kleine Schrift zu widmen. Als Marxist konnte er sie nicht ausschließlich anhand des religiösen Kriteriums definieren. Da den Juden ein Territorium fehlte, um sie ins Mosaik der vom Sowjetimperium aufgesogenen Völker zu integrieren, beschloss er einfach diese Lücke zu schließen. Ehe er sie verfolgte, »bot« er ihnen ein halb verlassenes Gebiet im tiefsten Sibirien an: Birobidschan. Dreihunderttausend Menschen wurden dorthin verschickt, bisweilen mit Gewalt. Noch heute tragen offizielle Schilder in Birobidschan – der Schriftzug an der Stirnseite des Hauptbahnhofs der Gebietshauptstadt eingeschlossen – jiddische Inschriften.

Während wir nun ins dritte Jahrtausend unserer Zeitrechnung eintreten, stellt der Anachronismus eines Volkes ohne Land für viele noch immer ein Problem dar. Wie soll man die Juden Frankreichs, Großbritanniens oder die der Vereinigten Staaten bezeichnen? Meiner Meinung nach schlicht und einfach: als Juden.

Denn ein Volk, das wie alle anderen auch aus religiösen und nicht-gläubigen Menschen besteht, das Träger einer Vergangenheit, eines Gedächtnisses und einer Kultur ist, braucht kein Territorium, um zu existieren. Darin besteht, wie mir scheint, der Unterschied zwischen einem Volk und einer Nation. Eine Nation bezieht sich natürlich auch auf ihre Geschichte und ihre Kultur, doch zeichnet sie sich vor allem durch ihren Staat, die physische Realität ihres Territoriums und ihrer Institutionen aus.

Für die Anhänger des Nationalismus birgt diese Unterscheidung einen Konflikt: Für sie kann es außerhalb oder neben der am Blut und am Territorium orientierten und zum höchsten Wert erhobenen nationalen Identität keinerlei Identität geben. Folglich stellt die Existenz des jüdischen Volks ein Problem dar. Die Nationalisten begreifen nicht, dass man gleichzeitig und mit derselben Überzeugung Franzose und Jude, Engländer und Jude usw. sein kann.

Doch auch hier passen die nicht-religiösen Juden am wenigsten ins Konzept. Würde sich das Judentum auf eine Religion beschränken, dann verstünde sich dies von selbst. Nun hätte aber bereits der Ausruf des Historikers Marc Bloch diese Frage beantworten müssen. Kurz bevor er durch deutsche Kugeln starb, rief er nämlich mit lauter Stimme: »*Vive la France!*« Was mich betrifft, so ist es für mich überhaupt kein Problem, Franzose und Jude zu sein. Ich bin französischer Staatsbürger und ich bin Jude.

Eines nämlich sollte klar sein: Die Staatsbürgerschaft allein macht nicht den Menschen aus.

Schon bevor ich das Buch *Der eindimensionale Mensch* von Herbert Marcuse gelesen hatte, misstraute ich den Freunden der Ordnung. Nicht nur, weil sie keinerlei Humor und Fantasie besitzen, sondern auch, weil sie sich durch eine einzige Funktion in der Gesellschaft definieren. Auf diese Weise werden sie für alle Diktaturen zu einer leichten Beute. Wenn jemand sich ausschließlich als Deutscher, Russe oder Franzose betrachtet, dann braucht man nur an seinen territorialen Patriotismus, an seine nationalistischen Gefühle zu appellieren, und schon marschiert er im Gleichschritt. Mit jeder zusätzlichen kulturellen oder religiösen Dimension gewinnt das Individuum an Komplexität, wird es schwieriger, den Einzelnen zu überzeugen oder zu manipulieren. Weil er nämlich freier wird. Daher hassen alle totalitären Systeme vielseitige und komplexe Menschen, deshalb misstrauen sie den Intellektuellen, den Emigranten, all jenen, die versuchen die kulturellen Horizonte zu öffnen, die scheinbare Einstimmigkeit der Bürger zu verstören.

In dem berühmten Roman *1984* von George Orwell gelingt es einem einzigen Menschen, sich dem totalitären Zugriff von *Big Brother* zu entziehen: Emmanuel Goldstein. In einer Welt ohne Bücher hat er ein Buch aufbewahrt und gerettet. In einer Welt, in der die Mächtigen jedem Menschen täglich ein neues Gedächtnis verpassen, hat er seine Erinnerung an die Geschichte behalten. Kurzum: Er konnte sich deshalb entziehen, weil er in einer eindimensionalen Welt das einzige mehrdimensionale Wesen geblieben war.

Was mich nun betrifft, so bin ich Pole, weil ich in Polen geboren wurde, Russe, weil ich in Russland aufgewachsen bin, Argentinier, weil ich auch in diesem Land gelebt habe, und schließlich Franzose, nicht nur, weil ich in Frankreich lebe, weil Frankreich meine Nation ist, sondern auch, weil ich auf Französisch schreibe und träume. Außerdem, so könnte man noch hinzufügen, bin ich Schriftsteller, Kämpfer für die Menschenrechte oder Hochschulpräsident ... und Jude!

Jude bin ich nicht nur deshalb, weil meine Eltern Juden waren, nicht nur aus bloßer Treue zu den Gebräuchen meiner Vorfahren, sondern weil ich mich als Jude gewählt habe. Ich wollte es aus einem Freiheitswunsch heraus sein, dem Wunsch nach einer Freiheit, die kein Zweck an sich wäre, sondern deren Sinn mir gerade im Judentum aufschien.

Von allen Dimensionen und Facetten meiner Identität bleibt jedoch mein Judentum die zerbrechlichste und bedrohteste. Auch heute noch werden hier und da Juden zum Tode verurteilt, weil sie Juden sind. Hier und da verweigert man dem jüdischen Volk weiterhin das Existenzrecht. Daher läuft die Tatsache, diese Dimension meines Seins zu bekunden und zu verteidigen – und zwar ohne sie mit einer religiösen Praxis zu verbinden, wohl aber mit dem Gedächtnis meines Volkes –, darauf hinaus, sowohl für mich als auch für alle anderen die Freiheit einzufordern, ein Mensch zu sein, dessen Menschlichkeit respektiert wird.

Zwei Begriffe kehren immer wieder, sobald das Gespräch auf Juden kommt: sephardisch und aschkenasisch. Ihre Bedeutung ist sehr einfach. Durch die zufällige Verteilung des zerstreuten jüdischen Volkes haben sich im Mittelalter zwei große Gemeinschaften herausgebildet: die eine in Spanien, im Schatten der Kalifate, die andere in Frankreich und Deutschland. Nun wird die iberische Halbinsel und speziell Spanien auf Hebräisch

»Sefarad« genannt, während Mittel- und Osteuropa und speziell Deutschland »Aschkenas« heißt. So einfach ist das!

Zu allen Zeiten traten aber auch andere Gemeinschaften in Erscheinung, die weder der sephardischen noch der aschkenasischen Strömung angehörten. Die *Bnei Israel* zum Beispiel, die Söhne Israels in Indien, die Juden im Kaukasus, die Falaschen in Äthiopien oder die Juden der zentralasiatischen Stadt Buchara.

Doch nur der sephardische und der aschkenasische Zweig brachten intellektuelle Höchstleistungen hervor, bei Ersterem zunächst in arabischer Sprache und später auf Judeo-Espagnol, auch Ladino genannt, beim Zweiten auf Französisch und Deutsch sowie später vor allem auf Jiddisch. Die Texte des Moses Maimonides, der Arzt in Cordoba war, wurden in der Synagoge ebenso gelesen wie die des Rabbi Salomon Ben Isaak, genannt Raschi, eines Winzers aus Troyes.

Die Vertreibung der Juden aus Spanien im Jahre 1492, der die Vertreibung der portugiesischen Juden folgte, schuf dann ihrerseits eine sephardische Diaspora. Diese bereicherte und stärkte die seit Jahrhunderten in Nordafrika ansässigen jüdischen Gemeinschaften, die ursprünglich aus Berbern bestanden und vor der Ankunft des Islam zum Judentum konvertiert waren. Die aschkenasischen Juden hingegen wurden durch die Verfolgungen, denen sie zur Zeit der Kreuzzüge in Frankreich und Deutschland ausgesetzt waren, in Richtung Osten getrieben. Die Pogrome am Ende des 19. Jahrhunderts zwangen dann Hunderttausende von Juden nach Nord- oder Südamerika auszuwandern.

Oft heißt es, die Sephardim kämen aus Nordafrika und

die Aschkenasim aus Mitteleuropa. Doch ganz so strikt lässt sich das nicht aufteilen: Die Mitglieder der jüdischen Gemeinden in Bordeaux, Amsterdam und teilweise selbst in Krakau waren sephardischer Herkunft. Ein Teil der tunesischen Juden dagegen stammt ursprünglich aus Italien.

Kurzum: In jedem Volk gibt es verschiedene kulturelle Strömungen und jedes Volk wird durch die vielfältigen Besonderheiten seiner Umgebung geprägt. Die Franzosen aus Paris haben einen anderen Akzent als die aus Lille, was sie allerdings nicht daran hindert, gemeinsam die *Marseillaise* zu singen.

Ich habe bisher vor allem versucht ein Bild des nicht–religiösen Juden zu zeichnen. Doch kann ich nicht den Anspruch erheben, hier das Judentum vorzustellen, ohne zumindest einige Grundzüge des religiösen Judentums zu erklären.

Für die religiösen Juden sind der Tag, die Woche, das Jahr, sind alle Lebensrhythmen von bestimmten Regeln und Praktiken geprägt.

So muss für einen religiösen Juden der Tag mit dem Gebet beginnen und auch enden: »Hör unsere Stimme, Ewiger, unser Gott, schone uns, erbarme Dich unser! Nimm in Erbarmen und Huld unser Gebet an, denn ein Gott, der Beten und Flehen hört, bist Du. Lass uns nicht leer von Dir wenden, unser König, denn in Erbarmen hörst Du das Beten Deines Volkes Israel.«[*] Der Tages-

---

[*] Zitiert nach: *Jüdischer Glaube. Eine Auswahl . . .*, a.a.O., S. 67 (A.d.Ü.).

ablauf wird durch drei Gebete bestimmt: *Schacharit*, das Morgengebet, *Mincha*, das Nachmittagsgebet, und *Maariv*, das Abendgebet.

Wer diese vorgeschriebenen rituellen Gebete praktiziert, erlebt sie als eine Quelle der Belehrung. Sie erlegen sich dem Praktizierenden umso stärker auf, je weniger er sich dazu zwingen muss. Daher können sie an die Stelle einer richtiggehenden Gewissensprüfung treten.

Die religiösen Juden bevorzugen das gemeinsame Gebet. »Das gemeinsame Gebet«, heißt es im Talmud, »wird immer erhört.« In der Regel findet es in der Synagoge statt – ein Wort, das schlicht und einfach »Versammlung« bedeutet. Für ein gemeinsames Gebet ist die Anwesenheit von mindestens zehn Männern erforderlich, diese Mindestzahl wird *Minjian* genannt. Man betet in Richtung Jerusalem gewandt, wo – wie wir weiter oben gehört haben – Esra nach der Rückkehr aus Babylonien eine »Große Synagoge« einberief, in der die Bibel öffentlich gelesen wurde, um so den Menschen die Gebote des Gesetzes von neuem nahe zu bringen.

Im Laufe all der Jahrhunderte war die Synagoge nicht nur das Haus des Gebets, *Bet ha-Tefila*, sondern auch das Haus der Versammlung, *Bet ha-Knesset*.

Der Rest des Tages sollte dem Studium, dem Lernen, gewidmet sein: »Jeder Mann, Sohn des Hauses Israel, ist zum Studium der Tora angehalten«, sagt Maimonides, »gleichgültig, ob er nun arm oder reich ist, gesund oder krank, jung oder alt, und selbst wenn er so arm ist, dass er der öffentlichen Wohlfahrt bedarf.«

Die Mahlzeiten stellen ebenfalls einen wichtigen

Moment dar. Ganz allgemein sollen alle unerlässlichen Tätigkeiten des Tages, wie zum Beispiel Essen oder Schlafen, auf einen tieferen Sinn als die bloße Erhaltung des Körpers ausgerichtet sein. Der Jude soll sie zu einem Mittel machen, um Gott noch besser dienen zu können, damit sich diese prosaischen Notwendigkeiten nach und nach in gute Werke, *mitzwot*, verwandeln können.

Die Mahlzeiten sind für die Gesundheit des Einzelnen natürlich notwendig, doch dürfen sie auf keinen Fall Vorrang bekommen vor dem spirituellen Leben. Rabbi Simeon sagte: »Wo drei an einem Tisch essen und an ihm nicht von Worten der Weisung reden, so ist es, als ob sie von Totenopfern essen würden!« (Mischna *Awot*, III, 4).

Darüber hinaus muss der religiöse Jude Speisevorschriften einhalten. »Koscher« zu essen, dieses Wort ist vermutlich allgemein bekannt. Es bedeutet einfach: so zu essen, »wie es sich gehört«, das heißt den Vorschriften des Gesetzes entsprechend.

»Nur halte fest daran«, heißt es im Buch Deuteronomium, »kein Blut zu essen! Denn das Blut ist das Leben ...« (Dtn 12, 23). Im Buch Levitikus ist eine Liste verbotener Speisen aufgeführt: »(...) dürft ihr nicht essen: (...) den Hasen, denn er käut wieder, hat aber keine gespaltenen Hufe: unrein soll er euch sein; das Schwein ...« (Lev 11, 6).

Diese Vorschriften stoßen oft auf Unverständnis. Man darf jedoch nicht vergessen, dass sie vor Jahrhunderten, ja Jahrtausenden, in einem sehr heißen Land erlassen wurden sowie zu einer Zeit, da Lebensmittel noch kaum konserviert werden konnten.

Sie beinhalten auch moralische Vorschriften wie: »Du sollst ein Böckchen nicht in der Milch seiner Mutter kochen« (Ex 23, 19). Die Einhaltung dieser Regel führt dazu, dass in der Küche zweierlei Geschirr verwendet werden muss: eines für Milchspeisen und ein Zweites für Fleischspeisen.

Nach dem jüdischen Kalender befinden wir uns – im Jahre 2001 nach christlicher Zeitrechnung – im Jahre 5762 nach Erschaffung der Welt. Einigen Bibelkommentaren zufolge beginnt der Kalender nach der Sintflut, das heißt also mit dem ersten Bund, den Gott durch Noah mit den Menschen schloss.

Wo auch immer man zu zählen anfängt, der jüdische Kalender ist jedenfalls ein Mondkalender. Die Monate können also entweder neunundzwanzig oder dreißig Tage und die Jahre zwölf oder dreizehn Monate haben. Diese Differenz führte im Laufe der Geschichte zu einigen äußerst komischen Situationen. Da der Kalender dem mediterranen Jahreszeitenrhythmus folgt, ergab es sich zum Beispiel, dass die Juden Mitteleuropas das Erscheinen der ersten Frühlingsfrüchte bei Schnee und immer noch eisigen Temperaturen feiern mussten. Doch ist dies in Wahrheit nur ein weiteres Mittel, um dem jüdischen Bewusstsein den Vorrang der Zeit vor dem Raum vor Augen zu führen.

Wie der Tag dem Abendgebet und die Woche dem Sabbat entgegenstrebt, so strebt der Jahreskreis auf einen der größten Festtage zu: *Rosch ha-Schana*, das Neujahrsfest. Auf dieses Ereignis folgt kurz darauf der »Versöhnungstag«, *Jom Kippur*. Man ist versucht hinter der

Nähe dieser beiden großen Festtage die Absicht zu vermuten, dass dem Gläubigen bedeutet werden soll, dass er in der Zeit nicht weitergehen kann, ohne um Vergebung gebeten und gefastet zu haben. »Ist nicht vielmehr das ein Fasten, an dem ich Gefallen habe: ungerechte Fesseln zu lösen, die Knoten des Joches zu öffnen, gewalttätig Behandelte als Freie zu entlassen, und dass ihr jedes Joch zerbrecht? Besteht es nicht darin, dein Brot dem Hungrigen zu brechen, und dass du heimatlose Elende ins Haus führst? Wenn du einen Nackten siehst, dass du ihn bedeckst und dass du dich deinem Nächsten nicht entziehst« (Jesaja 58, 6–7).

Es würde zu lange dauern, hier die zahllosen jüdischen Feste aufzuführen; das ist im Übrigen auch gar nicht das Anliegen dieses Buches. Ich möchte nur die wichtigsten kurz erwähnen. Sie feiern die großen Momente in der Geschichte des jüdischen Volkes. An erster Stelle steht die Erinnerung an den Auszug aus Ägypten mit dem *Pessach*-Fest, dann folgt das Wochenfest, *Schawuot*, an dem die Offenbarung des Gesetzes gefeiert wird, dann das berühmte Laubhüttenfest, *Sukkot*, das an den langen Marsch durch die Wüste unter dem Schutz des Ewigen erinnert. Diese Feste markieren auch die wichtigsten Abschnitte des bäuerlichen Lebens: Aussaat, Getreideernte und, an *Sukkot*, Obsternte und Weinlese.

Schließlich sei noch *Chanukka* erwähnt, das schöne Lichterfest, das an den Aufstand und den Sieg der Makkabäer gegen die griechischen Besatzer im Jahre 167 vor unserer Zeitrechnung erinnert sowie an das Lampenwunder im Tempel zu Jerusalem, als eine Öllampe, statt nur wenige Stunden zu brennen, diesen heiligen Ort acht Tage lang erhellte.   .

Alles Leben beginnt mit der Geburt. Für einen religiösen Juden ist jede Geburt ein gutes Werk, da sie die Pflicht zur Fortpflanzung nach dem Willen des Ewigen erfüllt.

Bei einem Knaben findet eine Woche nach der Geburt die Beschneidung statt. Sie entspricht einem uralten Ritual, das sowohl in Ägypten als auch in Afrika, Amerika oder in Australien verbreitet ist. Ursprünglich aus hygienischen oder sozialen Gründen ausgeführt, erhält es mit der folgenden biblischen Aufforderung eine äußerst präzise Bedeutung: »Dies ist mein Bund, den ihr halten sollt, zwischen mir und euch und deinen Nachkommen nach dir: Alles, was männlich ist, soll bei euch beschnitten werden« (Gen 17, 10).

Die Beschneidung heißt auf Hebräisch *mila*, was so viel bedeutet wie »Wort«. Man gibt sein Wort, wenn man sich verpflichtet, wenn man einen Vertrag schließt. Und so verstehen die Juden auch die Beschneidung: als eine Verpflichtung, die eingegangen wird. Dieses Wort, das der Mann mittels eines Teils seines Fortpflanzungsorgans gibt, wird also zu einem auf ewig besiegelten Eid.

Am ersten Tag des Jahres 2000 feierte die Welt zum Beispiel die Beschneidung Jesu. Als guter Jude hatte ihn sein Vater Josef eine Woche nach der Geburt nach Jerusalem in den Tempel gebracht, um ihn in den Bund mit dem Ewigen einzuführen. Damit brachte er nicht nur die Zugehörigkeit zu einem Land und einem Volk zum Ausdruck, sondern auch die Verbundenheit mit dem

Allumfassenden und der Zeit. Nicht zuletzt müssen wir festhalten, dass erstaunlicherweise alle drei Zentralgestalten des Monotheismus, Moses, Jesus und Mohammed, beschnitten waren.

Im Alter von dreizehn Jahren erreicht das Kind die religiöse Volljährigkeit: es wird ein *Bar Mitzwa*, ein »Sohn des Gottesgebotes«. Denn bei den religiösen Juden gilt, dass sich ein Individuum ab einem Alter von dreizehn Jahren nicht mehr auf seine Eltern beziehen kann. Es muss selbst die Verantwortung für sein Handeln übernehmen.

Anschließend folgt die Hochzeit. Für die religiösen Juden ist ein Mann ohne Frau nicht wirklich Mensch: »Als Mann und Frau schuf Er sie, und Er segnete sie und gab ihnen den Namen Mensch« (Gen 5, 2).

Schließlich wird, früher oder später, der Tod kommen: »Rabbi Elieser sagte: Einen Tag vor deinem Tod kehre um.« Doch kennt der Mensch seinen Todestag? »So ergibt sich, dass er alle seine Tage in Umkehr verbringt«, heißt es im Talmud, im Traktat *Schabbat* (153 a). So soll der religiöse Jude seinem Nächsten beim Sterben helfen: Kranke zu besuchen, sich um die Alten zu kümmern oder Sterbenden beizustehen, ist ein gutes Werk.

Die Trauer währt zunächst eine Woche lang. Das ist die *Schiwa*. Während dieser sieben Tage gedenkt man des Verstorbenen und spricht Gebete: »Denn meine Seele wirst du dem Scheol nicht lassen, wirst nicht zugeben, dass dein Frommer die Grube sehe. Du wirst mir kundtun den Weg des Lebens; Fülle von Freuden ist vor deinem Angesicht, Lieblichkeiten in deiner Rechten immerdar« (Ps 16, 10–11). Dreißig Tage lang, *Schelochim* genannt, sind weiterhin Trauerregeln zu befolgen: zum Beispiel das Verbot, sich die Haare zu schneiden, sich zu rasieren oder den Bart scheren zu lassen. Während dieser Zeit brennt im Haus ein Licht zum Gedenken an den Verstorbenen.

Es ist vermutlich klar geworden, dass diese Rituale durchaus ihren Sinn haben. Es ist verständlich, dass viele Juden sie ganz oder zum Teil befolgen und darin ihre wahre Freude finden.

Traum

NUN SIND WIR bereits beim letzten Kapitel dieses kleinen Buches angekommen. Es mag vielleicht überraschen, dass ich nur hier und da auf den Antisemitismus und den Judenhass angespielt habe. Häufig ist es so, dass sich Leute, wenn sie über die Juden oder ihre Geschichte sprechen, lange bei dieser Schandtat des Jahrhunderts aufhalten, als ob gerade sie es sei, die in einem Spiegeleffekt den Juden bestimmen würde. Sie haben Unrecht und ich hoffe, dass ich dies im Laufe dieses Buches ein wenig beweisen konnte.

Es ist wohl gleichfalls deutlich geworden, dass Israel, ein Land, dem ich mich überaus verbunden fühle, keinen bestimmenden Einfluss auf meine Zugehörigkeit zum Judentum hat.

Zwar macht Israel, die Verkörperung des vor zweitausend Jahren von den Römern zerstörten Königtums, das seither von Millionen der Meinen erträumt wurde, durchaus einen Teil meiner Identität aus, doch habe ich stets die – im Westen so verbreitete – Vorstellung zurückgewiesen, wonach die Schaffung des Staates Israel das Ergebnis der Shoah gewesen sei. Oder schlimmer noch, eine Prämie! Eine Art Entschädigung für den Preis eines Genozids.

Das ist ein schrecklicher Gedanke, der aus dem schlechten Gewissen der Abendländer und aus der Frustration der Araber geboren wurde. Die Shoah verwandelt sich dabei in eine Art Purgatorium, eine notwendige Durchgangsstation für ein sündhaftes Volk, das das Paradies erfleht!

Diese Darstellung der Tatsachen ist zudem auch historisch falsch. Weit davon entfernt, zur Schaffung des Staates Israel beigetragen zu haben, brachte die Shoah vielmehr die Quelle der Immigration zum Versiegen und trocknete eben jenes Reservoir aus, aus dem der Zionismus Generationen von Pionieren hätte gewinnen können.

Die Wirklichkeit sieht ganz anders aus.

Wie jedes Land, das für seine Unabhängigkeit kämpft, verdankt auch Israel seine Entstehung dem Kampf und der Mobilisierung seiner eigenen Bevölkerung gegen die Kolonialmacht. Einem oftmals brutalen Kampf, dessen siegreiches Ende den Niedergang des britischen Empire einläutete. Bei der Lektüre des Briefwechsels zwischen Ben Gurion und Gandhi, die zur selben Zeit die schwere Aufgabe der Entkolonialisierung auf sich genommen haben, wird dieser politische Einsatz deutlich.

In Wirklichkeit existierten die Strukturen des Staates Israel bereits seit den dreißiger Jahren. Lange vor dem Zweiten Weltkrieg gab es bereits ein starkes Netz landwirtschaftlicher Kommunen, die *Kibbuzim*. Eine moderne Gewerkschaft, die *Histadrut*, vereinigte Tausende von jüdischen Arbeitern. Es gab eine Sozialversicherung, die *Kupat Holim*, sowie eine Industrie, politische Parteien und eine freie jüdische Presse. Auch ein Schul- und Hochschulsystem, eine Regierung und ein Parlament – beide natürlich nur offiziösen Charakters – sowie eine Armee. Eine Geheimarmee, die sich aber in Form von in die britische Armee integrierten Brigaden und Kommandos am Krieg gegen den Nazismus beteiligte, zum Beispiel am Kampf gegen die Armee Rommels in der libyschen Wüste. Einige ihrer Mitglieder sprangen mit Fallschirmen über von den Nazis besetzten Ländern wie Ungarn und Italien ab, um dort den jüdischen Widerstand zu organisieren.

Die Anerkennung Israels durch die Vereinten Nationen im Jahre 1947 war in Wirklichkeit die Sanktionierung eines politischen Siegs der Juden und keineswegs ein »Geschenk«; noch weniger die Begleichung einer Schuld.

Ich selbst bin 1951 zum ersten Mal nach Israel gefahren. Nach fünf Tagen auf See zeichneten sich vor uns der Berg Karmel und die Stadt Haifa ab, die beide im Hitzedunst schillerten. Ich brach in Tränen aus. Ich weinte um mich und um jene fünfundvierzig Generationen von Männern und Frauen, die diesen Moment erträumt hatten. Sie hatten nicht das Glück, die Verwirklichung dieses Traums bewundern zu dürfen. Ohne die krankhafte Scham, die mir schon immer Zurückhaltung auferlegte, hätte ich die staubige Erde geküsst, wie es seit Jehuda Halevi, dem jüdischen Dichter und Philosophen aus der Kalifenzeit, der Brauch ist. Die meisten meiner Reisegenossen konnten es tun.

Jeder Jude sagt mindestens einmal im Jahr, an Pessach, wie all seine Vorfahren: »Nächstes Jahr in Jerusalem!« Heute ist Jerusalem von jedem Punkt der Erde nur einige Flugstunden weit entfernt. Trotz seiner mächtigen

Steine leicht wie ein Aquarell an die Berge Judäas getupft, erwartet es uns. Nicht nächstes Jahr, sondern noch in diesem Jahr! Augenblicklich und jeden Juden, der es wünscht!

Dennoch erzeugt der erste Kontakt mit einem derart ersehnten, aber gestern noch unerreichbaren Ort seltsamerweise Schmerz und innere Zerrissenheit. Das ist nicht schwer zu verstehen. Was vor unseren Augen ersteht, ist das reale Jerusalem, die Hauptstadt eines Staates, mit überfüllten Straßen, ausgedehnten Vorstädten und hässlichen modernen Gebäuden für Schulen, Cafés, Kinos, Museen oder Universitäten. Welche Verbindung besteht zwischen diesem und dem unsichtbaren Jerusalem unserer fernen Hoffnung, dem mystischen Jerusalem mehrerer Religionen?

Der Philosoph Vladimir Jankélévitch fragte sich, wie die Juden, die sich über eine so lange Zeit hinweg in sehnsuchtsvoller Abwesenheit eingerichtet hatten, die Angst vor diesem Wiedersehen abstreifen konnten ...

In der Geschichte der Juden existiert Israel nur zwischen Realität und Imagination. Dieses Hin und Her ist eine Konstante, in der Bibel ebenso wie im Talmud, in der rabbinischen Literatur und sämtlichen Texten über die Rückkehr ins Gelobte Land. Wie verbindet man Nationalismus und Universalismus?

Ich habe mich oft gefragt, ob die kollektive Zugehörigkeit zu einer Geschichte und einer Erinnerung auf die Träume der Männer und Frauen Einfluss hat, die diese Gemeinschaft bilden. Freud bejahte diese Frage. Daher möchte ich nun zum Schluss auf einige Themen

zu sprechen kommen, die in den Träumen der Juden –
seien sie nun religiös oder nicht-religiös eingestellt –
weiterhin eine wichtige Rolle spielen.

Wenn man diese Träume analysiert, stellt man fest,
dass sie schon immer – von den Propheten bis in unsere
heutige Zeit hinein – die Grenzen der Völker und des
Partikulären überschritten haben, um die gesamte
Menschheit zu umfassen. Die meisten Träume der Juden
sind von Hoffnung geprägt. Auch der Wunsch nach
Frieden ist in ihnen gegenwärtig. Denn der Jude weiß –
selbst wenn dieses Wissen unbewusst bleibt –, dass er
nur in einer besseren Welt seinen Platz finden wird.

Seit langem schon hat er verstanden, dass er nur in
einer gerechteren und schließlich befriedeten Gesellschaft jenen Respekt und jene Sicherheit erlangen wird,
die ihm wie jedem Menschen zustehen. Doch bedeutet
Frieden im jüdischen Denken mehr als nur die Abwesenheit von Krieg. Er tritt als eine neue Beziehung der
Menschen untereinander sowie zwischen Mensch und
Natur in Erscheinung. Das hebräische Wort für Frieden, *schalom*, könnte sogar mit »Fülle, Vollkommenheit«
übersetzt werden, was dieselben Konnotationen beinhal-
tet. So steht bei Jesaja:

»Und der Wolf wird beim Lamm weilen,
und der Leopard beim Böckchen lagern,
(...)
Und der Löwe wird Stroh fressen wie das Rind«
    (Jes 11, 6–7).

Und weiter heißt es bei Jesaja:

»Denn in der Wüste brechen Wasser hervor,
und Bäche in der Steppe.
Und die Wüstenglut wird zum Teich
und das dürre Land zu Wasserquellen« (Jes 35, 6–7).

Und bei Hosea:

»Ich schließe für sie an jenem Tag einen Bund
mit den Tieren des Feldes und mit den Vögeln des
    Himmels
und mit den kriechenden Tieren des Erdbodens.
Und Bogen und Schwert und Krieg zerbreche ich
und entferne sie aus dem Land.
Und ich lasse sie in Sicherheit wohnen« (Hos 2, 20).

Bei Micha heißt es:

»Und er wird richten zwischen vielen Völkern
und Recht sprechen für mächtige Nationen bis in
    die Ferne.
Dann werden sie ihre Schwerter zu Pflugscharen
    umschmieden
und ihre Speere zu Winzermessern.
Nie mehr wird Nation gegen Nation das Schwert
    erheben,
und sie werden das Kriegführen nicht mehr lernen«
    (Mi 4, 3).

Und bei Amos:

»Seid ihr mir nicht wie die Söhne der Kuschiten, ihr
Söhne Israel?
spricht der HERR.
Habe ich nicht Israel aus dem Land Ägypten herauf-
geführt,
und die Philister aus Kaftor
und Aram aus Kir« (Am 9, 7).

Und noch einmal Jesaja:

»An jenem Tag wird es eine Straße von Ägypten
nach Assur geben.
Assur wird nach Ägypten und Ägypten nach Assur
kommen,
und die Ägypter werden mit Assur dem HERRN
dienen.
An jenem Tag wird Israel der Dritte sein mit
Ägypten und mit Assur, ein Segen inmitten
der Erde« (Jes 19, 23–24).

Einige werden einwenden, dass es sich hierbei um eine
messianische Vision handelt und nicht um einen kollektiven Traum. Dann vergessen sie aber, dass nach der jüdischen Tradition jeder von uns ein Stückchen des Messias
in sich trägt. Das ist so, als würden wir ein winziges Teil-
chen eines riesigen Puzzles in uns tragen. Wenn einmal
alle Menschen ihr Puzzleteil angelegt haben werden, werden wir den Messias entdecken. Doch werden wir von
diesem Moment an keinen Messias mehr brauchen ...

Daher gilt in der Welt, so, wie sie ist, jeder Anwärter auf den Messias-Titel den Juden als ein falscher Messias. »Ein Sturm soll die Knochen derer verwehen, die Endzeittermine berechnen, und die dann sagen: Da der Endzeittermin eingetroffen, der Messias aber noch nicht gekommen ist, so kommt er auch nicht mehr« (Talmud, *Sanhedrin*, 97 b).

Das Paradox in seiner ganzen Schärfe aufnehmend, fordert ein Satz aus dem Traktat *Väter* diese besondere Art des Hoffens ein: »Nicht liegt es auf dir, das Werk zu vollenden, aber du bist auch nicht frei, von ihm abzulassen« (*Awot*, II, 16).

★ ★ ★

Hier, meine lieben Patenkinder, endet diese kurze Reise, auf der ich mit Euch einen Teil der Menschheit besucht habe.

Jetzt bleibt mir nur noch eine einzige Sache, die ich Euch noch anvertrauen muss. Ihr habt vielleicht nicht unbedingt den Eindruck gehabt, dass ich gegenüber den Juden besonders kritisch wäre. Dennoch weiß ich nur allzu gut, dass es auch unter meinen Vorfahren wie überall ungerechte, unredliche, unvernünftige, gewalttätige Menschen, kurzum wenig empfehlenswerte Gestalten gibt. Und? Muss man sie deshalb besonders in Szene setzen?

Ich werde die Bemerkung eines Freundes zitieren, dem ich die Idee zu diesem Buch anvertraut hatte: »Pass auf, dass deine Juden nicht alle schön, gut und nett sind«, sagte er. Ich verstand seine Sorge wohl. Doch was tun?

Die Juden sind Menschen, sie besitzen alle menschlichen Qualitäten, sind aber leider auch von keinem Fehler befreit.

Ich sehe aber keine Notwendigkeit, die Vorstellung, die ich von meinem Volk habe, abzumildern. Die Juden sind so oft unter den niedrigsten und perversesten Aspekten beschrieben worden, dass das Maß noch für lange Zeit voll ist. Selbst wenn dieser Text hier zu nachsichtig mit ihnen wäre, wäre noch lange kein Gleichgewicht wiederhergestellt.

Und schließlich liebe ich die Juden doch wirklich! Alle, und zwar genau so, wie sie sind! Meine Väter, meine Brüder, mit ihren wechselnden Gesichtern und ihrem unruhigen Blick, der auf die Jahrhunderte des Elends geheftet ist. Ja, ich glaube in der Tat, dass ich sie liebe, die Juden meiner Kindheit wie auch die, denen ich an den verschiedensten Orten der Welt begegnen durfte.

Ich brauche nur diese Worte niederzuschreiben und schon steigen die Bilder wieder in mir auf und schwirren mir im Kopf herum. Da ist der schüchterne rothaarige Synagogendiener inmitten seiner ebenso rothaarigen, doch lebhaften Katzen, den ich in der Synagoge des Ghetto Vecchio in Venedig sah. Da sind die Dominospieler in einem Café in der Avenida Corrientes in Buenos Aires, die sich auf Jiddisch beschimpften. Und die jüdischen Gauchos, die im Staub von Mosesville in der Pampa ein miserables Leben führten.

Ja, ich liebe sie genau so, mitten im Leben stehend, es immer vorantreibend, selbst wenn sie in Lumpen gekleidet sind wie jene Juden, die mich vor der antiken Synagoge von Kairo ebenso freundlich wie furchtsam anblickten, als mir der Fremdenführer allen Ernstes erklärte, Moses sei hierher zum Beten gekommen!

Die jungen Vegetarier sephardischer Herkunft, die in einem New Yorker Restaurant, in das mich I. Bashevis Singer geführt hatte, *gefilte fisch* verschlingen.

Die Studenten der Yeshiva University, die mit der Kippa auf dem Kopf im Central Park gegen den Vietnamkrieg demonstrierten.

Den buckligen Goldschmied aus der Mellah Rabats, der über seinen niedrigen Tisch gebeugt schon seit Ewigkeiten auf einem Kupferplättchen herumhämmert.

Den Bettler aus Djerba, der mich, arabisch gekleidet, auf Hebräisch segnete.

Die immerzu geschäftigen Chassidim, die durch die Rue des Rosiers in Paris eilen, während der Wind durch ihre Locken und Bärte fährt.

Den kleinen Dieb mit dem aufgeweckten Blick, der mir in Amsterdam meine Geldbörse geklaut hat.

Die Neureichen mit zweifelhaftem Geschmack, die in Tel Aviv zu Besuch sind, goldbehängt und übersättigt von den vielen schmackhaften Diners.

Und all jene, die ich tagtäglich auf der Straße oder in Büchern angetroffen habe und die ich wiedererkenne, an etwas zu nervösen Gesten, an einem etwas zu fiebrigen Blick, an einer gewissen Unruhe, die Menschen anhaftet, die allzu starke Erinnerungen mit sich tragen ...

Ja, ich liebe sie!

Nichts daran ist objektiv. Doch ist eben dies auch ein Grund dafür, dass ich eines Tages beschlossen habe Jude zu sein, und dass diese Entscheidung mich überglücklich macht.

Zu keiner Zeit habe ich dieses Buch als polemischen Essay geplant. Es ist aber auch keine Lobeshymne. Alles, was ich wollte, war, Euch, meinen lieben Patenkindern, auf die einfachste und leichteste Art und Weise zu erzählen, warum sich Euer Pate als Jude betrachtet. Sollte es mir nicht gelungen sein, Euch von der Richtigkeit meiner Entscheidung zu überzeugen, so hoffe ich doch zumindest erreicht zu haben, dass Ihr sie versteht und respektiert.

Zweifellos entspricht dieses Buch hier mehr als seine Vorgänger dem Bilde seines Autors: widersprüchlich, parteiisch, unvollkommen und leidenschaftlich. Doch wird Euch der Autor lächelnd auf Hillel verweisen, seinen Meister, der im ersten Jahrhundert vor unserer Zeitrechnung lebte: Als er einmal von einem Nicht-Juden gebeten wurde, ihm die Tora während jener Zeitspanne zu erklären, in der er auf einem Bein stehen könne, antwortete Hillel: »Was du nicht willst, das man dir zufüge, das füge auch deinem Nächsten nicht zu: Das ist die ganze Lehre, alles Übrige ist Erklärung. Nun geh und lerne!« (Talmud, *Schabbat*, 31 a).

ANHANG

Bibliografische Hinweise

Sämtliche Bibelstellen wurden mit freundlicher Genehmigung des R. Brockhaus Verlages zitiert nach:
Die Heilige Schrift. Aus dem Grundtext übersetzt (Elberfelder Bibel, revidierte Fassung), Wuppertal/Zürich: R. Brockhaus, ³1992.
(Verwendung finden die üblichen Kürzel, auch für die fünf Bücher Mose.)
Verwiesen sei auch auf die Übersetzungen von Leopold Zunz, *Die vierundzwanzig Bücher der Heiligen Schrift*, Basel: Victor Goldschmidt, 1980, und Martin Buber (mit Franz Rosenzweig): *Die Schrift*, 4 Bände, Heidelberg: Lambert Schneider, 1976–79.

Die Zitate aus dem Talmud folgen den nachstehenden, allgemein verbreiteten Ausgaben:
– *Der Babylonische Talmud*, ausgewählt, übersetzt und erklärt von Reinhold Mayer, München: Goldmann 1965.
– *Der Babylonische Talmud*, übertragen und erläutert von Jakob Fromer, Frechen: Komet Verlag 2000 (Erstausgabe 1924).
(Als deutschsprachige Gesamtausgabe liegt vor: *Der Babylonische Talmud*, übersetzt von Lazarus Goldschmidt, 12 Bände, Berlin: Jüdischer Verlag 1929–36.)

Glossar

A

Aleph (hebräisch): erster Buchstabe des hebräischen Alphabets.

Aleph-bet (hebräisch): bezeichnet die ersten beiden Buchstaben des hebräischen Alphabets und im weiteren Sinne das gesamte Alphabet.

Amalek: ursprünglich nomadische Stämme, die zu Moses' Zeiten während des Zugs durch die Wüste Sinai Nachzügler und Entkräftete angriffen. Aufgrund ihrer Gewalttätigkeit und der feigen Methode ihrer Angriffe wurden sie in der Bibel zum Symbol des Bösen.

Amoraim (aramäisch) oder Amoräer: Bezeichnung für jene Gesetzeslehrer, deren Werk in die Zeit zwischen der Zusammenstellung der Mischna (um das Jahr 200 unserer Zeitrechnung) und der endgültigen Redaktion des Jerusalemer und des Babylonischen Talmuds (im 5. Jahrhundert) fällt.

Ani maamin (hebräisch): »Ich glaube.« Anfang des aus dreizehn Artikeln bestehenden und von Moses Maimonides verfassten Glaubensbekenntnisses.

Aschkenas (hebräisch; Plural: *Aschkenasim*): bedeutet wörtlich Deutschland. In der Folge bezeichnete man alle Juden Mittel- und Osteuropas als *Aschkenasim*, im Unterschied zu den *Sephardim*, den aus dem Mittelmeerraum stammenden Juden.

Assyrien: rechts des Tigris gelegenes Königreich in Mesopotamien, während des 3. Jahrtausends vor unserer Zeitrechnung. Fiel im Jahre 614 unserer Zeitrechnung an die Meder.

Aw (hebräisch): Monat des jüdischen Kalenders. Der 9. *Aw* (*Tischa be Aw*) ist ein Tag der Trauer, denn er entspricht sowohl dem Tag der beiden Zerstörungen des Tempels in Jerusalem als auch dem der Vertreibung der spanischen Juden im Jahre 1492.

Averroes (eigentl. Ibn Ruschd): arabischer Philosoph, geboren 1126 in Cordoba, gestorben 1198 in Marrakesch; Richter (Kadi) in Sevilla und Cordoba; bedeutender Kommentator der Schriften des Aristoteles.

B

Bar Mitzwa (hebräisch): »Sohn des Gebots«. Zeremonie, die die religiöse Mündigkeit jüdischer Jungen im Alter von 13 Jahren besiegelt; dabei werden diese zum ersten Mal aufgerufen in der Synagoge einen Abschnitt aus der Tora vorzulesen (parallel dazu: *Bat Mitzwa*, »Tochter des Gebots«).

B'ein Breira: hebräischer Ausdruck, der so viel bedeutet wie »keine andere Wahl« oder »keine Alternative« zu haben: »damit muss man sich abfinden«.

Bet (hebräisch): zweiter Buchstabe des Alphabets.

Bet Din (aramäisch): rabbinischer Gerichtshof.

Bet ha-Midrasch (hebräisch): »Haus des Lernens«, Lehrhaus, Akademie, rabbinische Schule.

Brit Mila (hebräisch): Beschneidung. Hebräisch *mila* bedeutet »Wort«. Man gibt sein Wort, wenn man eine Verpflichtung eingeht; auf diese Weise wird die Beschneidung verstanden: als eine Verpflichtung, ein Engagement.

C

Chaldäa: Gebiet im südlichen Mesopotamien, das ab dem 9. Jahrhundert vor unserer Zeitrechnung von einem semitischen Volk bewohnt wurde. Die chaldäischen Stämme scheinen Aramäisch gesprochen zu haben, das neben dem Hebräischen die zweite bei den Juden gängige Sprache war.

Chametz (hebräisch): »Gesäuertes«; bezeichnet während des Pessachfests jedes Produkt, das Sauerteig enthalten kann; während der acht Tage des Festes darf sich in einem jüdischen Haushalt kein *chametz* befinden. Am Vorabend von Pessach durchsucht man das Haus nach Gesäuertem, ein Brauch, der *Bedikat chametz* genannt wird.

Chanukka (hebräisch): Lichterfest im Gedenken an den Sieg der Hasmonäer (Makkabäer) über die Seleukiden, die Reinigung des Jerusalemer Tempels und die Rückkehr der Religionsfreiheit. Während dieses Festes ist es Brauch, auf einem speziellen Chanukka-Leuchter am ersten Abend eine Kerze anzuzünden, am zweiten Abend zwei Kerzen, und so weiter bis zum achten Abend.

Chasan (hebräisch): Kantor, Vorsänger, Vorbeter.

Chassid (hebräisch; Plural *Chassidim*): wörtlich »Frommer«. Erstes Auftreten des *Chassidismus* im Mittelalter im Rheintal; ab 1740 entwickelte sich in Polen der *Chassidismus* unter der Autorität des Bescht, des Baal Schem Tow (Meister des Guten Namens). Dessen Anhänger, die *Chassidim*, legen dem Gebet größeren Wert bei als dem Studium; sie versammeln sich um *Zaddikim* (Gerechte), die oft Wunderrabbis sind.

Chewra Kadischa (aramäisch): »Heilige Bruderschaft«; Bezeichnung einer in jeder jüdischen Gemeinde bestehenden Vereinigung für gegenseitige Hilfe mit sozialer, karitativer und religiöser Zielsetzung. Sie kümmert sich insbesondere um alles, was mit dem Begräbnis der Gemeindemitglieder zu hat; einige Vereinigungen unterhalten aber auch Hospize oder Krankenhäuser.

Chumasch (hebräisch): Pentateuch, die fünf Bücher Mose.

Chuppa (hebräisch): Hochzeitsbaldachin, der den Haushalt symbolisiert, den die Vermählten gründen.

D

Diaspora (griechisch »Zerstreuung«): Alle jüdischen Gemeinden außerhalb Israels. Die Diaspora begann im 9. Jahrhundert vor unserer Zeitrechnung nach dem Untergang des Königreichs Judäa-Samaria, vor allem aber nach der Zerstörung Jerusalems durch die Babylonier und später durch die Römer.

G

Gaon (hebräisch; Plural *gaonim*): Ehrentitel der Leiter der Talmud-
akademien von Sura und Pumbedita in Babylonien am Ende des
6. Jahrhunderts. Der Ehrentitel wurde auch einigen für ihr Wissen berühmten Rabbis verliehen, siehe zum Beispiel den *Gaon*
von Wilna im 18. Jahrhundert.

Gematria: die Wissenschaft von der Berechnung der Zahlenwerte der
Buchstaben hebräischer Wörter und ihrer verschiedenen alphabe-
tischen Korrespondenzen.

Ghetto (italienisch): jüdisches Wohnviertel. Das Wort kommt von
ghetto, »Gießerei«. Das erste Ghetto wurde nämlich 1516 in genau
dem Viertel Venedigs gegründet, in dem sich die ehemalige
Gießerei befand.

Goj (hebräisch; Plural *gojim*): Nicht-Jude.

Gemara (aramäisch): wörtlich »Vollendung«. Bezeichnung für einen
der beiden Teile des Talmud, und zwar für die Mischna-Kom-
mentare der Amoraim. Es gibt eine Gemara für den Jerusalemer
und eine für den Babylonischen Talmud.

H

Haggada (hebräisch): der Bericht vom Auszug aus Ägypten, der
bei der Seder-Liturgie zu Beginn des Pessach-Fests vorgelesen
wird.

Hacham (hebräisch): Weiser. In einigen sephardischen Gemeinschaften wird der Ausdruck *hacham* als Bezeichnung für den Oberrabbiner verwendet.

Halacha (hebräisch): wörtlich »Wandel«, »Weg«. Bezeichnung für die
Gesamtheit der auf die Bibel, den Talmud und die rabbinischen
Interpretationen gegründeten religiösen Gesetzlichkeit.

Haskala (hebräisch): im 18. Jahrhundert von Moses Mendelssohn in
Deutschland begründete Aufklärungsbewegung innerhalb des Ju-
dentums, deren wichtigstes Organ die Zeitschrift *Ha-meassef* war.
Die Bewegung breitete sich in der Folge in Polen und Russland

aus, wo ihre Anhänger, die *Maskilim*, in heftiger Gegnerschaft zu den *Chassidim* standen.

I

Ischtar: Babylonische Fruchtbarkeitsgöttin. König Nebukadnezar errichtete im 6. Jahrhundert vor unserer Zeitrechnung in Babylon einen dieser Göttin geweihten Tempel.

J

Jeschiwa (hebräisch; Plural *jeschiwot*): Talmud-Akademie.

Jiddisch: Im 9. Jahrhundert im Rheintal entstandene, auf der Grundlage des Mittelhochdeutschen gebildete, von hebräischen Begriffen durchsetzte und in hebräischer Schrift geschriebene Sprache. Wurde von den Juden Mittel- und Osteuropas gesprochen und wird in den Vereinigten Staaten, in Ländern der ehemaligen Sowjetunion, in Israel sowie in jüdischen Gemeinden überall auf der Welt weiterhin praktiziert. Brachte eine umfangreiche Literatur hervor.

Jom Kippur (hebräisch): »Versöhnungstag«, höchster jüdischer Feiertag, findet zehn Tage nach dem jüdischen Neujahrsfest statt. Er ist mit einem 24-stündigen Fasten verbunden.

Juda: Das Königreich Juda entstand aus einer Teilung des Landes Kanaan nach dem Tode König Salomons im Jahre 928 v. u. Z. Der Norden wurde zum Königreich Israel mit der Hauptstadt Samaria und dem König Jerobeam; der Süden wurde zu Juda mit der Hauptstadt Jerusalem und dem König Rehabeam.

K

Kabbala (hebräisch): wörtlich »Überlieferung«. Bezeichnet eine im 13. Jahrhundert in Spanien und Südfrankreich entstandene mystische Strömung; Grundlage bildet das Buch *Sohar*, das Moses de Leon verfasste, das die fromme Tradition aber Rabbi Simeon ben Jochai (3. Jahrhundert) zuschreibt. Die Kabbala, die nicht nur im Leben der jüdischen Gemeinschaften, sondern auch in den Kreisen der Humanisten eine große Rolle spielte, erlebte im 16. Jahrhundert mit der von Isaak Luria in Safed gegründeten Schule einen außerordentlichen Aufschwung.

Kaddisch (aramäisch): wörtlich »Heiligung«. Gebet zum Lob Gottes, das jeweils am Ende von wichtigen Abschnitten der Liturgie gesprochen wird. Es wird auch von den Kindern beim Tod ihrer Eltern gesprochen und wurde in diesem Sinne als Totengebet betrachtet, obwohl der Tod in ihm an keiner Stelle erwähnt wird. Das christliche Vaterunser lehnt sich eng an das *Kaddisch* an.

Kanaan: biblischer Name des Landes, das der Ewige dem Volk Israel versprach und das geografisch Israel plus den heute von den Palästinensern verwalteten Gebieten und Jordanien entspricht. Kanaan ist der Name des Sohns Chams und Enkels Noahs, nach ihm sind die Kanaaniter benannt.

Kaschrut (hebräisch): wörtlich »Eignung«, Reinheit. Bezeichnet die Gesamtheit der jüdischen Ritual-, v. a. Speisegesetze, die mit Reinheit zu tun haben.

Kibbuz (hebräisch; Plural *kibbuzim*): landwirtschaftliche Kommune in Israel, beruht auf dem Prinzip des selbstverwalteten Sozialismus.

Kiddusch (hebräisch): wörtlich »Heiligung«. Bezeichnet den Segensspruch über einen Becher Wein, der am Sabbat und an Festtagen gesprochen wird.

Kippa (hebräisch): rituelle Kopfbedeckung.

Koscher (hebräisch): sauber, rein. *Koscher* ist ein Lebensmittel, wenn es den jüdischen Speisevorschriften entspricht.

L

L'chaim! (hebräisch): »Auf das Leben!« Wird vor allem als Trinkspruch verwendet, wenn man sein Glas erhebt.

Levitikus: drittes Buch des Pentateuch. In 27 Kapiteln legt es detailliert die wichtigsten religiösen Regeln des Judentums dar.

Lilith: die erste Gefährtin Adams, die im Volksglauben mit der Unheil bringenden Frau gleichgesetzt wird.

M

Maariv (hebräisch): Abendgebet.

Midianiter: Nomadenvolk, das Moses aufnahm, als er vor dem Zorn des Pharao flüchtete. Als er bei den Midianitern weilte, vernahm Moses die Stimme des Ewigen. Der Hohe Priester der Midianiter war Jitro; seine Tochter Zippora wurde Moses' Frau.

Maimonides (1135–1204): Philosoph. Er lehrte während der Blütezeit des Kalifats von Cordoba und war gleichzeitig Talmudgelehrter, Mathematiker, Arzt und Übersetzer des Aristoteles.

Malechet hakodesch (hebräisch): »heilige Arbeit«; die Arbeit eines Schriftgelehrten gilt als *malechet hakodesch*.

Marranen: ein Ausdruck spanischen Ursprungs, der jene Juden bezeichnet, die gewaltsam zum Christentum bekehrt wurden und heimlich weiter nach dem mosaischen Gesetz lebten. Man nannte sie so, weil sie kein Schweinefleisch (*marrano*) aßen.

Masora: Tradition, Überlieferung. Die Gesamtheit der von den Gesetzesgelehrten – den Masoreten – im 6. und im 12. Jahrhundert verfassten Anmerkungen zur Bibel, die deren Text etablieren und seine Besonderheiten herausstellen sollten.

Massel tow! (hebräisch): »Viel Glück!«, »Herzlichen Glückwunsch!«.

Mazzot (hebräisch; Singular *mazza*): ungesäuerte Fladen, die am Pessach-Fest gegessen werden, in Erinnerung an das »Brot des Elends« (Dtn 16, 3), das die Hebräer beim Auszug aus Ägypten aßen.

Menora (hebräisch): siebenarmiger Leuchter.

Messias: hebräisch *Meschiach*, »der Gesalbte«, »der Geweihte«, der zum »Befreier«, »Erlöser« wird.

Midrasch (aramäisch): homiletischer Kommentar zur Bibel.

Mincha (hebräisch): »Opfer«, das Nachmittagsgebet.

Minjan (hebräisch; Plural *minjanim*): Mindestzahl von zehn Männern (über 13 Jahren), die nach religiöser Vorschrift zur öffentlichen Feier eines jüdischen Gottesdienstes notwendig ist.

Mischna (hebräisch): wörtlich »Wiederholung«; Zusammenstellung der mündlichen Lehre in sechs »Ordnungen«, gegen 200 unserer Zeitrechnung von Jehuda Ha-Nassi schriftlich niedergelegt. Die *Mischna* ist ein Teil des Talmud.

Mitzwa (hebräisch): »Gebot«, religiöse Vorschrift. Die Bibel enthält 613 *Mitzwot*. Bezeichnet auch die »gute Tat« und somit die Gebotserfüllung.

Mohel (hebräisch): Bezeichnung für die Person, die die Beschneidung durchführt.

N

Neila (hebräisch): Abschlussgebet der Liturgie am Versöhnungstag.

Ner-tamid (hebräisch): ewiges Licht, das in der Synagoge über dem Schrein mit den Torarollen brennt. Bezeichnet auch die Kerze, die zum Gedenken an einen Toten entzündet wird.

Nisan (hebräisch): Monat des jüdischen Kalenders, in dem das Pessachfest gefeiert wird.

P

Pardes: Paradies. Symbol der jüdischen Mystik.

Pessach (hebräisch *passa*: wörtlich »Vorübergehen«, vgl. Ex 12, 12–13): Pessach-Fest, ursprünglich Frühlingsfest, später wurde vor allem das Gedenken an Israels Befreiung aus der Knechtschaft in Ägypten zentral; siehe auch *Haggada* und *Seder*.

Pilpul (von hebräisch *pilpel*, »Pfeffer«): kontroverse und kasuistisch

argumentierende gelehrte Diskussion. Dem Talmud eigentüm-
liche Denkweise, die darin besteht, immer neue Einwände gegen
die Antwort auf ein bestimmtes Problem zu finden.

Purim (aramäisch): Fest der Lose, das an die Niederlage Hamans
sowie den Triumph Esthers und Mordechais erinnert. Ein fröh-
liches Fest, das in einigen Aspekten (Verkleidung, Spiele) dem
Karneval ähnelt, und während dessen es erlaubt ist, so lange zu
trinken, bis man die Namen Haman und Mordechai nicht mehr
auseinander halten kann.

R

Raschi (1040–1105): ein Rabbi, der in Troyes in Frankreich lebte; mit
richtigem Namen Salomon ben Isaak; war der berühmteste Bibel-
und Talmudexeget.

Rosch ha-Schana (hebräisch): wörtlich »Kopf des Jahres«, jüdisches
Neujahrsfest.

S

Schabbat (hebräisch): siebter Tag der Woche im jüdischen Kalender,
der Ruhe geweiht. Diverse Verbote (Verbot, Feuer zu machen, zu
arbeiten, zu rauchen, zu reisen, usw.) sind mit der Einhaltung des
Schabbat verbunden.

Schacharit (hebräisch): Morgengebet.

Schalom alejchem! (hebräisch): »Der Friede sei mit Euch!« Grußfor-
mel.

Schamasch (hebräisch): Synagogendiener.

Schana towa! (hebräisch): »Ein gutes neues Jahr!«

Schawuot (hebräisch): das Wochenfest, gefeiert am 6. und 7. Siwan im
Gedenken an die Offenbarung des Gesetzes an das Volk Israel.
Eines der drei Pilgerfeste im antiken Israel, während dessen man
die Erstlingsfrüchte zum Tempel brachte. An *Schawuot* werden in
der Synagoge die Zehn Gebote vorgelesen.

Scheol (hebräisch): Aufenthaltsort der Toten.

Schiwa (hebräisch »sieben«): Bezeichnet die Zeit strenger Trauer, die nach dem Tod eines Verwandten einzuhalten ist, und während der die Trauernden zu Hause bleiben, von ihren üblichen Verpflichtungen absehen und beten.

Sch'ma Israel! (hebräisch): »Höre Israel!« Anfang des wichtigsten Gebets des Judentums: *Sch'ma Israel Adonai Elohenu Adonai Echad*, »Höre Israel, der Ewige, unser Gott, der Ewige ist einzig!«

Schofar (hebräisch): Widderhorn, das am Neujahrs- und am Versöhnungsfest ertönt, aber auch bei einer *cherem*-Zeremonie (Exkommunikation).

Schtetl (jiddisch; Plural *Schtetlech* »Städtchen«): Bezeichnete in Russland und Polen ländliche Siedlungen und Kleinstädte mit hohem jüdischen Bevölkerungsanteil.

Schtramel (jiddisch): Pelzmütze, die die *Chassidim* an jüdischen Feiertagen trugen.

Seder (hebräisch): wörtlich »Ordnung«; Bezeichnung für das Mahl und die Liturgie am Vorabend des Pessach-Fests, während dessen der Bericht über den Auszug aus Ägypten vorgelesen wird (Pessach-Haggada).

Sefarad (hebräisch; Plural *Sefardim*): Der Ausdruck bezeichnet ursprünglich Spanien und wurde in der Folge zur Bezeichnung der aus dem Mittelmeerraum stammenden Juden verwendet, im Unterschied zu den *Aschkenasim* Mittel- und Osteuropas.

Sefer chassidim (hebräisch): »Das Buch der Gerechten«. Mittelalterliche mystische Schrift, im 12. Jahrhundert im Rheintal entstanden, verfasst von Samuel Ben Kalonymos, seinem Sohn Judah ben Samuel und seinem Verwandten Eleazar ben Judah.

Siddur (hebräisch): Gebetbuch für das tägliche Gebet.

Simchat Tora (hebräisch): »Freude am Gesetz«; am Ende des Laubhüttenfests gefeiertes Fest, bei dem der Jahreszyklus der Tora-Lesungen beendet wird und sogleich von neuem beginnt. Typisch für das Fest ist das Tanzen um die Torarollen, die in einer Prozession durch die Synagoge getragen werden.

Sohar (hebräisch): »Buch des Glanzes«. Kabbalistischer Traktat, im 13. Jahrhundert von Moses de Leon verfasst, doch Rabbi Simeon ben Jochai (3. Jahrhundert) zugeschrieben. Der grundlegende Text der Kabbala.

Stämme (die zwölf): Nachfahren der zwölf Söhne Jakobs (= Israel). Man zählt Ruben, Simeon, Levi, Juda, Dan, Naftali, Gad, Issachar, Sebulon, Josef (aus dem Menasse und Efraim hervorgingen) und Benjamin.

Sukkot (hebräisch): Laubhüttenfest, bei dem es Brauch ist, aus Zweigen Hütten zu errichten, in denen man die Mahlzeiten einnimmt. Das Fest soll an die Zelte erinnern, in denen die Juden nach dem Auszug aus Ägypten bei ihrem Zug durch die Wüste Sinai lebten.

T

Takkanot (hebräisch): von den jüdischen Gemeinden erlassene Anordnungen und Regelungen, um das Leben ihrer Mitglieder zu regeln.

Tallit (hebräisch): Gebetsschal, den jüdische Männer während des Morgengebets und an Festtagen tragen.

Talmud (hebräisch): »Lehre«, »Lernen«; Zusammenstellung des mündlichen Gesetzes; zwischen dem 2. und dem 5. Jahrhundert unserer Zeitrechnung in Jerusalem und in Babylon redigiert. Es gibt zwei Talmuds, den Jerusalemer Talmud und den Babylonischen Talmud, wobei nur Letzterer für alle Juden zur Autorität wurde. Der *Talmud* umfasst zwei Teile, die Mischna und die Gemara, und untergliedert sich in die Halacha (religionsgesetzliche Überlieferung) und die Haggada (Homiletik, Erzählung). Er ist auf Hebräisch und Aramäisch verfaßt.

Talmud-Tora (hebräisch): religiöse jüdische Grundschule.

Tanach (hebräisch): Zusammenziehung aus *Tora* (das Gesetz), *Newiim* (die Propheten) und *Ketuwim* (Psalmen, Weisheitsschriften usw.). Bezeichnung für den Kanon der hebräischen Bibel.

Tischri (hebräisch): Monat des jüdischen Kalenders, in den das Neujahrsfest und der Versöhnungstag fallen.

Tora (hebräisch): »Gesetz«, »Weisung«; bezeichnet im engeren Sinne den Pentateuch, die fünf Bücher Mose. In einem weiteren Sinne bezeichnet der Ausdruck die gesamte Bibel sowie schließlich die Gesamtheit der religiösen Traditionsliteratur des Judentums.

V

Väter (hebräisch: *Awot*), *Sprüche der Väter* (*Pirke Awot*): Abschnitt der Mischna, in dem Maximen und Reflexionen der Weisen über die Grundlagen des Judentums zusammengestellt sind.

Ich möchte mich bei allen bedanken, die mir bei der Arbeit an diesem Buch Mut gemacht haben: bei Oberrabbiner Gilles Bernheim, Leonello Brandolini, Jean-Pierre Allali, Nathalie Théry und Clara Halter.

Die Zunkunft liegt in der Hand der Frauen

Männer stifteten Weltreligionen, Männer bauten Pyramiden, Tempel und Kathedralen, Männer schlachteten Neugeborene, um die Überirdischen bei Laune zu halten – Frauen mussten als eifrige Beterinnen ihren Teil dazu beitragen und den Alltag organisieren. Der bekannte Wiener Theologe Adolf Holl setzt in diesem polemischen Traktat zu 5000 Jahren Religionsgeschichte seine Hoffnung ganz auf weibliche Skepsis, weibliche Radikalität und weibliches Lachen.

ADOLF HOLL

Brief an die gottlosen Frauen

ZSOLNAY

208 Seiten. Gebunden

Zsolnay Verlag